The Wheel

Optionshandelsstrategie

Eine bewährte Strategie, um systematische, wiederholbare und konsistente Handelsgewinne zu erzielen

Von Markus Heitkoetter

Übersetzt von Peter J. Klärner

und Kai Hartge

ISBN 978-1-7360829-6-6. Die Informationen in dieser Veröffentlichung enthalten "zukunftsgerichtete Aussagen" im Sinne von Abschnitt 27A des Securities Act von 1933 und Abschnitt 21B des Securities Exchange Act von 1934. Alle Aussagen, die Vorhersagen, Ziele, Erwartungen, Überzeugungen, Pläne, Projektionen, Ziele, Annahmen oder zukünftige Ereignisse oder Leistungen zum Ausdruck bringen oder Diskussionen darüber beinhalten, sind keine Aussagen über historische Tatsachen und können "zukunftsgerichtete Aussagen" sein. Zukunftsgerichtete Aussagen beruhen auf Erwartungen, Schätzungen und Prognosen zum Zeitpunkt der Abgabe der Aussagen, die eine Reihe von Risiken und Unsicherheiten beinhalten, die dazu führen können, dass die tatsächlichen Ergebnisse oder Ereignisse erheblich von den derzeit erwarteten abweichen. Investitionen beinhalten sowohl das Risiko von Verlusten als auch die Möglichkeit von Gewinnen. Alle Investitionen sind mit Risiken verbunden, und alle Investitionsentscheidungen einer Person liegen in der Verantwortung dieser Person. Investitionen in Optionen und Aktien sind mit Risiken verbunden und nicht für alle Anleger geeignet. Die in der Vergangenheit erzielte Performance ist keine Garantie für zukünftige Ergebnisse. Keine Aussage in diesem Buch sollte als Empfehlung zum Kauf oder Verkauf eines Wertpapiers verstanden werden. Der Autor und der Herausgeber dieses Buches können nicht garantieren, dass die in diesem Buch dargestellten Strategien gewinnbringend sind, und übernehmen keine Haftung für mögliche Handelsverluste im Zusammenhang mit diesen Strategien.

Alle in dieser Publikation enthaltenen Informationen zu Investitionen, Optionen, Aktien und Wertpapieren sind pädagogische Informationen und keine Anlageberatung. Rockwell Trading ist kein Anlageberater und empfiehlt allen Lesern und Abonnenten, sich von einem registrierten professionellen Wertpapiervertreter beraten zu lassen, bevor sie sich für eine Investition in die in dieser Publikation vorgestellten Aktien und

oder sonstigen professionellen Dienstleistungen erbringen. Falls Rechtsberatung oder andere fachliche Unterstützung benötigt wird, sollten die Dienste einer kompetenten Fachperson in Anspruch genommen werden. Mit der Nutzung des Materials in dieser Publikation erklären Sie sich mit diesen Bedingungen einverstanden.

DIE HYPOTHETISCHEN ERGEBNISSE HABEN VIELE INHÄRENTE BESCHRÄNKUNGEN, VON DENEN EINIGE UNTEN BESCHRIEBEN WERDEN. ES WIRD KEINE ZUSICHERUNG GEMACHT, DASS EIN KONTO ÄHNLICHE GEWINNE ODER VERLUSTE WIE DIE GEZEIGTEN ERZIELEN WIRD ODER WAHRSCHEINLICH IST. IN DER TAT GIBT ES HÄUFIG STARKE UNTERSCHIEDE ZWISCHEN HYPOTHETISCHEN ERGEBNISSEN UND DEN TATSÄCHLICHEN ERGEBNISSEN, DIE SPÄTER MIT EINEM BESTIMMTEN HANDELSPROGRAMM ERZIELT WERDEN. EINE DER EINSCHRÄNKUNGEN DER HYPOTHETISCHEN PERFORMANCE-ERGEBNISSE BESTEHT DARIN,

DASS SIE IM ALLGEMEINEN IM NACHHINEIN ERSTELLT WERDEN. DARÜBER HINAUS BEINHALTET DER HYPOTHETISCHE HANDEL KEIN FINANZIELLES RISIKO, UND KEINE HYPOTHETISCHE HANDELSBILANZ KANN DIE AUSWIRKUNGEN DES FINANZIELLEN RISIKOS BEIM TATSÄCHLICHEN HANDEL VOLLSTÄNDIG BERÜCKSICHTIGEN. DIE FÄHIGKEIT, VERLUSTE ZU VERKRAFTEN ODER EIN BESTIMMTES HANDELSPROGRAMM TROTZ HANDELSVERLUSTEN BEIZUBEHALTEN, SIND BEISPIELSWEISE WESENTLICHE PUNKTE, DIE AUCH DIE TATSÄCHLICHEN HANDELSERGEBNISSE NEGATIV BEEINFLUSSEN KÖNNEN. ES GIBT ZAHLREICHE ANDERE FAKTOREN, DIE MIT DEN MÄRKTEN IM ALLGEMEINEN ODER MIT DER UMSETZUNG EINES BESTIMMTEN HANDELSPROGRAMMS ZUSAMMENHÄNGEN UND DIE BEI

DER ERSTELLUNG EINER HYPOTHETISCHEN PERFORMANCE NICHT VOLLSTÄNDIG BERÜCKSICHTIGT WERDEN KÖNNEN.

Inhaltsverzeichnis

Hinweis

Wir mussten alle Illustrationen in diesem Buch in schwarz-weiß drucken, denn sonst würde jedes Buch über 40 $ kosten.

ABER …

... Wir haben einen Begleitratgeber für Sie erstellt, in dem alle Illustrationen in Farbe dargestellt sind!

Das Beste daran: Er ist kostenlos!

Gehen Sie einfach zu https://rockwelltrading.com/wheel-bonus-gifts/, um den Begleitratgeber kostenlos herunterzuladen.

Und nun wünsche ich Ihnen viel Freude mit dem Buch.

Markus

Einführung

Ich liebe den Börsenhandel!

Ich habe bisher die Hälfte meines Lebens mit dem Trading an der Börse verbracht.

Meiner Erfahrung nach sind Börsenhändler nicht unbedingt nur eine Art von Person. Es gibt sie in allen Typen und Charakteren.

In meiner mehr als 20-jährigen Erfahrung an der Börse habe ich keine bessere Gelegenheit als jetzt gesehen, um aktiv zu investieren.

Ich erinnere mich noch: Als ich mit dem Traden begann, betrugen die Gebühren 40 $ pro Transaktion (!!!), und ich musste 300 $ pro Monat für Echtzeit-Daten bezahlen.

Und wie sieht das heute aus: Privatpersonen haben jetzt Zugang zu Informationen und Technologien institutioneller Qualität, was es für jeden einfacher macht, mit dem Traden zu beginnen. Und wir leben jetzt im Zeitalter der „Null-Provisionen“, was es ermöglicht, auch kleine Bewegungen in den Märkten zu nutzen, ohne durch Provisionen arm zu werden.

Im Laufe meiner Karriere habe ich fast alles gehandelt, was es so gibt. Ich habe Aktien, Optionen, Forex und Futures gehandelt, und so wie mein Leben sich geändert hat, so hat sich auch mein Handelsstil geändert.

Ich bin jetzt 50 Jahre alt, und meine Prioritäten liegen ganz woanders als in meinen frühen Dreißigern. Meine Kinder wachsen heran und meine Zeit mit ihnen ist wirklich das, was mir im Moment am wichtigsten ist.

Daher verfolge ich keine Strategien mehr, bei denen ich den größten Teil des Tages an meinem Computer verbringen muss. Das ist eine von vielen Dingen, die ich an der „Wheel-Strategie" liebe.

Wie Sie sehen werden, ist „The Wheel" eine großartige Strategie mit hoher Gewinnwahrscheinlichkeit und geringem Verwaltungsaufwand, mit der Sie systematisch, konsequent und wiederholt Einnahmen generieren können.

Lassen Sie uns also anfangen! ;)

Kapitel 1

3 Gründe, warum Sie noch HEUTE mit dem Trading beginnen müssen

Ich werde der Erste sein, der zugibt: Der Börsenhandel kann eine Herausforderung sein. Der Handel kann eines der schwierigsten Dinge sein, die Sie jemals tun werden. Aber nur weil etwas schwierig ist, bedeutet das nicht, dass es komplex sein muss.

Während meiner Karriere habe ich mit Tausenden von Börsenhändlern gearbeitet. Alle bestätigen, dass das Wichtigste beim Traden die Disziplin ist. Die Disziplin, einem Plan zu folgen, auch wenn es hart wird.

Falls es Ihnen noch nicht bewusst ist, es gibt Zeiten, in denen Ihnen der Markt (im übertragenen Sinne) die Zähne ausschlagen wird ... und Sie müssen in der Lage sein, es mit einem Lächeln hinzunehmen. :)

Genauso wie Fehlschläge beim Baseball passieren, so sind Verluste ein Teil des Börsenhandels. So einfach ist das.

Der Börsenhandel hat mir ein Leben ermöglicht, von dem einige denken könnten, dass es für sie nie möglich wäre, aber ich bin der lebende Beweis dafür, dass das jeder mit Entschlossenheit, der richtigen Strategie und Mentalität erreichen kann.

Für mich gibt es drei Hauptgründe, warum Sie an der Börse handeln sollten, und sie sind eigentlich ziemlich einfach:

Grund #1: Sie können finanzielle Unabhängigkeit nicht durch Sparen erreichen

Das klingt zunächst nach einer schlechten Nachricht für Sie.

Es gibt Leute, sogar Finanzexperten, die völlig abwegige Behauptungen machen, wie man den Weg zum Millionärstatus durch Sparen erreichen kann.

Insbesondere eine „Expertin“, Suzie Orman, machte eine solche Behauptung in einem Artikel, den sie schrieb.

Sie sagte, dass Sie einfach aufhören sollten, Kaffee beim Starbucks fuer 5 $ zu kaufen, und Sie dadurch Ihr Ziel zum Millionär durch Sparen erreichen können. Seien wir ehrlich, das ist kompletter Unsinn, und ich werde es Ihnen beweisen:

Angenommen, Sie haben 10.000 $ auf Ihrem Sparkonto und Ihr Ziel ist es, 1.000.000 $ in den nächsten 10 Jahren anzusparen.

Basierend auf Suzie Orman's Rat müssten Sie aufhören, Ihren täglichen Latte zu trinken, um dieses Geld zu sparen.

Aber denken Sie darüber nach: Wie viel kostet ein Latte? Vielleicht 5 $?

Also 5 $ pro Tag zu sparen, über 30 Tage hinweg, würde 150 $ pro Monat an Ersparnissen ergeben.

Nehmen wir an, Sie erhalten eine erwartete Rendite von 5 % auf Ihre Ersparnisse. Und das ist großzügig, denn wenn man sich die aktuellen Zinsen auf Sparkonten oder sogar Festgeldanlagen anschaut, hat man Glück, wenn man 1 % Zinsen bekommt.

Aber nehmen wir an, dass sich die Zeiten ändern und Sie 5 % erhalten.

Bei dieser Rendite würde es 63 Jahre und 5 Monate dauern, bis Sie 1.000.000 $ angespart haben!

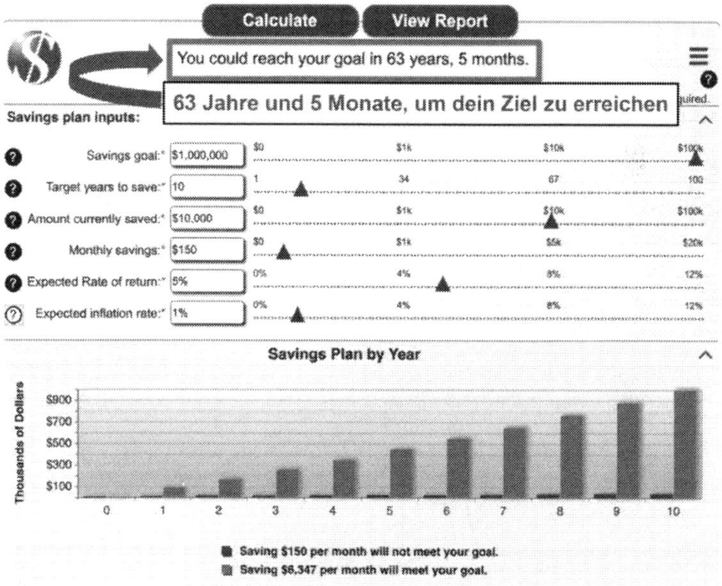

Quelle: https://dinkytown.net

Offensichtlich funktioniert das Verzichten auf Ihren Latte also nicht.

Zusätzlich nehmen wir an, dass Sie aufhören, Restaurants zu besuchen, und jetzt sparen Sie die respektable Summe von 500 $ pro Monat.

Die gute Nachricht ist, es würde jetzt „nur“ 43 Jahre und 8 Monate dauern, um Ihr Ziel von 1.000.000 $ zu erreichen.

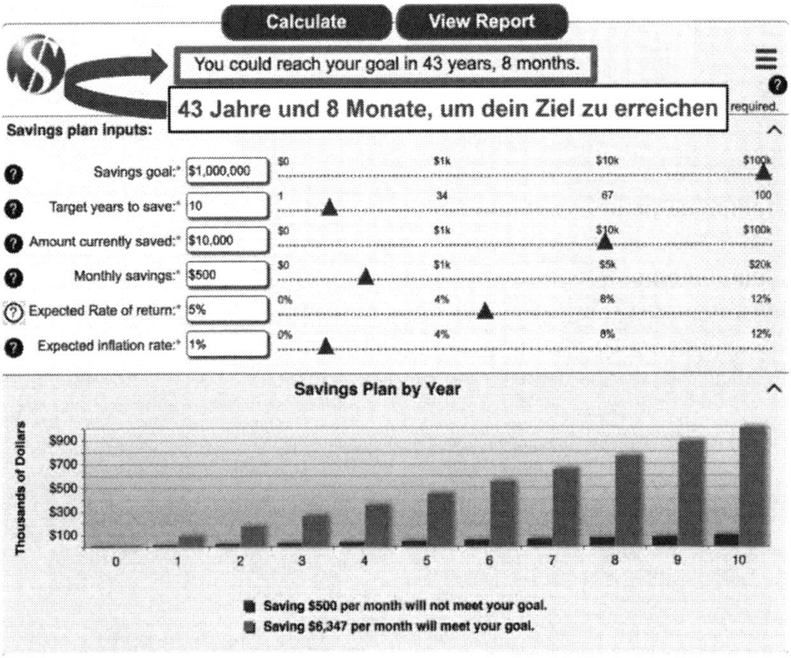

Quelle: https://dinkytown.net

Ich weiß nicht, wie es Ihnen geht, aber ich habe nicht so viel Zeit!

Und ich wette, Sie haben auch keine 43 Jahre, oder?

Wie Sie sehen, können Sie Ihren Weg zur finanziellen Unabhängigkeit nicht durch Sparen erreichen.

Sie MÜSSEN einen Weg finden, um mehr Geld zu verdienen, und der Börsenhandel ist ein perfekter Weg, dies zu tun.

„Wenn Sie keinen Weg finden, Geld zu verdienen, während Sie schlafen, werden Sie arbeiten, bis Sie sterben." - Warren Buffett

Grund #2: Der Börsenhandel bietet die ultimative Chancengleichheit

Wenn Sie an der Börse handeln, ist es egal, wer Sie sind.
Es spielt keine Rolle, ob Sie jung oder alt sind.
Es spielt keine Rolle, ob Sie ein Mann oder eine Frau sind.
Es spielt keine Rolle, ob Sie weiß, schwarz, braun, grün oder rosa sind.
Es spielt keine Rolle, ob Sie ein Mathe-Genie sind oder ob Sie einen Rechner brauchen, um zwei Zahlen zu addieren, wie ich es tue. Wenn Sie meine Videos auf YouTube ansehen, dann wissen Sie, dass ich einen Taschenrechner für alles verwende!

Es spielt sicherlich keine Rolle, ob Sie einen Doktortitel haben, oder ob Sie die Highschool abgebrochen haben oder nicht.

Sie sehen, der Börsenhandel ist der ultimative „Arbeitgeber" der Chancengleichheit. Beim Börsenhandel gibt es keine Diskriminierung. In allen Lebensbereichen gibt es Diskriminierung, ob wir es mögen oder nicht, aber NICHT beim Börsenhandel.

Beim Börsenhandel sind es nicht Männer gegen Frauen, oder jung gegen alt.

Es gibt nur die Gebildeten gegen die Ungebildeten.

Die, die gewinnen, sind die, die das richtige System haben, die richtige Mentalität und die richtigen Hilfsmittel. Sie sind diejenigen, die gegen die Glücksspieler antreten, und ich denke, wir wissen, welche Gruppe normalerweise gewinnt, nicht wahr?

Wie Sie sehen können, ist der Börsenhandel das ultimative Spielfeld, und das ist einer der vielen Gründe, warum ich ihn liebe!

Grund #3: Geld kann kein Glück kaufen? - FALSCH!

Beim Börsenhandel können Sie Geld verdienen ...
Und Geld kann Glück kaufen!

Ich weiß, ich weiß: Das ist eine kontroverse Aussage, weil viele Leute sagen - und leider glauben -, dass „Geld kein Glück kaufen kann."

Basierend auf meiner Erfahrung liegen sie total FALSCH, und ich werde es Ihnen beweisen!

Kürzlich habe ich ein kleineres Konto von 50.000 $ eingerichtet, um zu beweisen, wie profitabel die „Wheel-Strategie" sein kann. Nach einem Monat und der Anwendung der „Wheel-Strategie" hatte ich einen Gewinn auf diesem Konto von 3.204 $ realisiert.

Ich entschied mich, diese Gewinne zu verwenden, um zu beweisen, wie Geld Glück kaufen kann.

Ich frage Sie: Kennen Sie jemanden, der sich gerade in einer schwierigen Lage befindet?

Vielleicht kennen Sie jemanden, der entlassen wurde und seine Miete nicht mehr bezahlen kann, oder vielleicht jemanden, der krank geworden ist und nicht die Medikamente zahlen kann?

Wenn Sie auf eine dieser Fragen mit „Ja“ geantwortet haben, dann möchte ich Ihnen folgende Frage stellen:

Was wäre, wenn Sie dieser Person die 3.204 $ geben könnten, die ich erwähnt habe?

Glauben Sie, dass dies das Leben von jemandem verändern könnte, der sich in einer schlechten Lage befindet?

Nun, vor Kurzem habe ich beschlossen, die Gewinne dieses Monats an ein paar Menschen in Not zu verschenken.

Ich ließ unsere Mitglieder und Zuschauer jemanden nominieren, der gerade in einer finanziellen Notlage war. Ich überprüfte die (herzzerreißenden) Einsendungen, wählte die beiden Kandidaten aus, von denen ich glaubte, dass sie die Hilfe am meisten benötigten, teilte die Gewinne von diesem Handelskonto auf und schickte ihnen einen Scheck. Es half ihnen sehr und berührte sie emotional.

Für mich war das ein ziemlich einfacher Beweis dafür, dass Geld Glück kaufen kann und Ihr Leben - und das anderer Menschen - zum Besseren verändern kann.

Schauen Sie sich die freudigen Gesichter an:

In meiner persönlichen Erfahrung ist der Börsenhandel der beste Weg, um mehr Geld zu verdienen.

Geld kann Ihr Leben und auch das Leben Ihrer Mitmenschen zum Besseren verändern, und ich zeige Ihnen, wie man das mit der „Wheel-Strategie“ macht.

Ich zeige Ihnen die Hilfsmittel, die Sie brauchen, und ich werde Ihnen die Strategie erklären, die ich persönlich benutze, und wir werden auch über die richtige Denkweise eines Händlers sprechen.

Es wird keine übertriebenen Versprechungen in diesem Buch geben, nur die Fakten.

Weil ich will, dass Sie Erfolg haben.

Kapitel 2

Warum „The Wheel“ die perfekte Handelsstrategie ist

Ich gebe Ihnen eine kurze Zusammenfassung, was mich dazu bewegt hat, dieses Buch zu schreiben.

Ich sehe es allzu oft: Leute, die anfangen zu handeln, erwarten, dass ihre Konten über Nacht explodieren.

Das versprechen zumindest all diese Anzeigen und E-Mails:

Unglaubliche Rendite in wenigen Tagen!
Verdienen Sie 1.062 % mit dieser Aktie!
Machen Sie aus 500 $ in 2 Jahren 2.000.000 $!
… Oder etwas ähnlich Verrücktes.

Und dann fangen Sie an zu handeln und erkennen schnell: Es funktioniert nicht.

Wenn Sie diesen ganzen Hype und die leeren Versprechen satthaben, dann ist DIESE Strategie und dieses Buch genau das Richtige für Sie.

Mein Ziel ist es, Ihnen eine Strategie und die Hilfsmittel zu zeigen, die Sie benötigen, um in Ihrem Konto systematisches Wachstum zu erzielen - denn das ist der Schlüssel.

Jeder kann ab und zu Glück haben und einen gewinnbringenden Trade haben, der eine hohe Rendite einbringt. Der Schlüssel zum langfristigen Erfolg in den Aktienmärkten ist es jedoch, systematisch wiederholbare Gewinne zu erzielen.

Wenn Leute zum ersten Mal mit „The Wheel" handeln und es wirklich „klickt", sind sie angenehm überrascht von der hohen Gewinnrate und der einfachen Verwaltung eines Handels.

Es kommt darauf an, die einfachen Regeln zu befolgen, die ich in diesem Buch darlegen werde, und gute Aktien auszuwählen.

Für mich muss eine Handelsstrategie **systematisch, konsistent und wiederholbar** sein, und die „Wheel-Strategie" erfüllt alle diese Kriterien.

Wer sollte diese Strategie anwenden?

Diese Strategie ist perfekt für Anfänger.

Es ist auch eine fantastische Strategie, wenn Sie ein Portfolio oder ein Altersvorsorgekonto haben, das nicht um mindestens 30 % pro Jahr wächst - wie viele IRA- und 401k-Konten [ein vom Arbeitgeber mit finanziertes Modell der privaten Altersvorsorge in den USA]).

Die „Wheel-Strategie“ eignet sich auch als perfekte Ergänzungsstrategie für diejenigen, die bereits eine „Brot und Butter“-Strategie haben, wie meine Kern-Wachstumsstrategie, die **„PowerX-Strategie“**.

Die „Wheel-Strategie“ wird sowohl von privaten Tradern als auch von institutionellen Händlern verwendet.

Warren Buffett, einer der bekanntesten Investoren aller Zeiten, setzt diese Strategie ein, um Einnahmen zu erzielen, während er darauf wartet, Aktien zu dem von ihm gewünschten Preis zu kaufen.

Mit dieser Strategie können Sie auch wöchentliche und monatliche Einnahmen erzielen.

Kurz gesagt, wenn Sie etwas Geld haben und nach einer konsistenten Möglichkeit suchen, Wachstum auf Ihrem Konto zu erzielen, dann ist DIESE Strategie genau das Richtige für Sie.

Was sind die Vorteile dieser Strategie?

In erster Linie hat diese Strategie eine sehr hohe Gewinnrate von etwa 90 bis 95 %, die es schwierig macht, bei ordnungsgemäßer Implementierung zu verlieren.

Tatsächlich habe ich im Sommer und Herbst 2020 eine meiner längsten, wenn nicht die längste Gewinnserie aller Zeiten erlebt.

Während eines Zeitraums von ungefähr 5 Monaten und über 70 Trades hatte ich keinen einzigen verlustreichen Trade mit der „Wheel-Strategie“.

Heißt das, Sie brauchen keine Verluste erwarten? NEIN!

Es wird Verluste geben, aber die “Wheel-Strategie“ ist eine Strategie mit einer sehr hohen Gewinnrate, die es ermöglicht, langjährige Gewinnserien ohne Verluste zu erleben.

Ein weiterer Vorteil dieser Strategie ist der extrem geringe Zeitaufwand:

Es sind keine stundenlangen Analysen erforderlich, sodass Sie nicht den ganzen Tag vor Ihrem Computer sitzen müssen.

Alles, was Sie brauchen sind, ungefähr 15 Minuten oder weniger ein paarmal pro Woche.

Lassen Sie es mich beweisen:

Im Sommer 2020 reiste ich mit meinen beiden Kindern nach Deutschland, um meine Familie zu besuchen.

Egal ob im Flugzeug, im Zug oder im Taxi, ich konnte diese Strategie auch unterwegs umsetzen.

Tatsächlich war ich in der Lage, einige Trades im Flugzeug in einer Höhe von etwa 10 Kilometern abzuschließen, indem ich das lausige WLAN verwendete, das normalerweise in Flugzeugen angeboten wird.

Hier zeige ich es Ihnen:

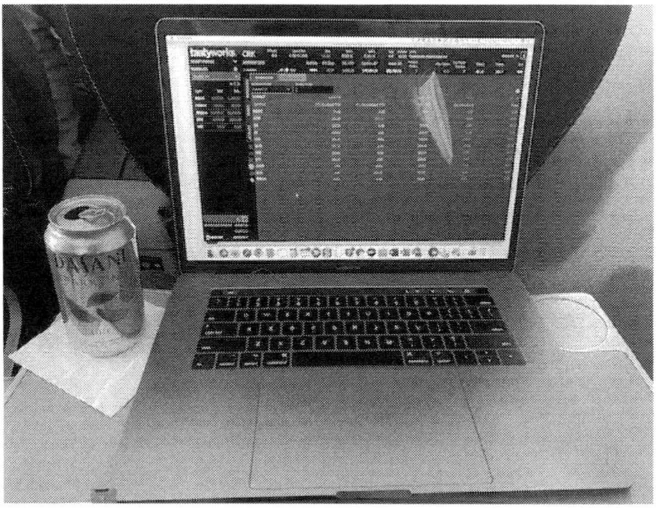

Ein weiterer Vorteil der Strategie:

Bei korrekter Implementierung handelt es sich um eine eher „sichere“ Handelsstrategie.

Ziel der „Wheel-Strategie“ ist es, eine jährliche Kapitalrendite von mindestens 30 % (oder 60 % bei einem Margin-Konto) zu erzielen.

Beim Handel gehören Verluste mit zum Geschäft, aber diese Strategie soll Verluste minimieren, indem wir bei der Auswahl der zu handelnden Aktien unsere Sorgfalt walten lassen. Das macht diese Strategie relativ sicher.

Unabhängig davon, für welche Strategie Sie sich entscheiden, müssen Sie vollständig verstehen, dass es beim Börsenhandel keine Zurück-Taste gibt.

Bevor Sie also einen Trade platzieren, sollten Sie die Risiken der Strategie, mit der Sie handeln, vollständig verstehen.

Sie sollten niemals - und ich meine NIE - mit Geld handeln, das Sie sich nicht leisten können, zu verlieren.

Die Grundidee der „Wheel-Strategie“

Im nächsten Kapitel erfahren Sie alle Details zu dieser Strategie. Aber lassen Sie es mich Ihnen zuerst den Überblick aus der Vogelperspektive geben.

Die Grundidee ist, bezahlt zu werden, während Sie darauf warten, Aktien zu einem Preis zu kaufen, zu dem Sie bereit sind, sie zu erwerben/besitzen.

Lesen Sie, wie das geht:

1. Sie verkaufen Put-Optionen und **bekommen eine Prämie** dafür. Diese Prämie wird auf Ihr Konto eingezahlt und führt zu wöchentlichen oder monatlichen Gutschriften.

2. Wenn der Aktienkurs bei Ablauf unter dem Ausübungspreis der Put-Option schließt, werden Ihnen 100 Aktien je verkaufter Option zugewiesen. Sie **behalten die Prämie**, die Sie als Optionsverkäufer erhalten haben.

3. Sobald Sie die zugewiesenen Aktien besitzen, erhält das Rad („The Wheel“) seinen Schwung: Sie beginnen, eine Call-Option für jeweils 100 Aktien, die Sie besitzen, zu verkaufen. Dadurch erhalten Sie **eine weitere Prämie**, was zu zusätzlichen wöchentlichem oder monatlichem Einkommen führt.

4. Wenn der Aktienkurs bei Ablauf unter dem Ausübungspreis der Call-Option schließt, behalten Sie einfach die Prämie für die verkauften Calls und wiederholen diesen Vorgang.

5. Wenn der Aktienkurs bei Ablauf über dem Ausübungspreis der Call-Option schließt, verkaufen Sie Ihre Aktien zum Ausübungspreis und **verdienen Geld mit den Aktien**. Jetzt besitzen Sie keine weiteren Aktien und starten den Vorgang erneut.

   Diese Strategie ist zuverlässig, erprobt und sehr wartungsarm.

Wie Sie sehen, können Sie bei Anwendung der „Wheel- Strategie" systematisch Geld mit dem Handel verdienen, ohne stundenlang vor Ihrem Computer zu sitzen und nachzudenken, was Sie traden sollten.

Kapitel 3

Den Lebensunterhalt mit Trading bestreiten

Es gibt beim Trading zwei Phasen:

1. **Trade als Wachstum**

   Die meisten Händler beginnen hier. In dieser Phase besteht Ihr Ziel darin, aus einem kleinen Konto ein größeres Konto zu machen, damit Sie zum nächsten Niveau wechseln können.

2. **Trade als Einkommen**

   Wenn Sie handeln, um Einkommen zu erzielen, ist Ihr Konto groß genug, sodass Sie es nicht mehr vergrößern müssen. In dieser Phase überweisen Sie Ihre Handelsgewinne regelmäßig auf Ihr Bankkonto, um Ihre Lebenshaltungskosten zu decken.

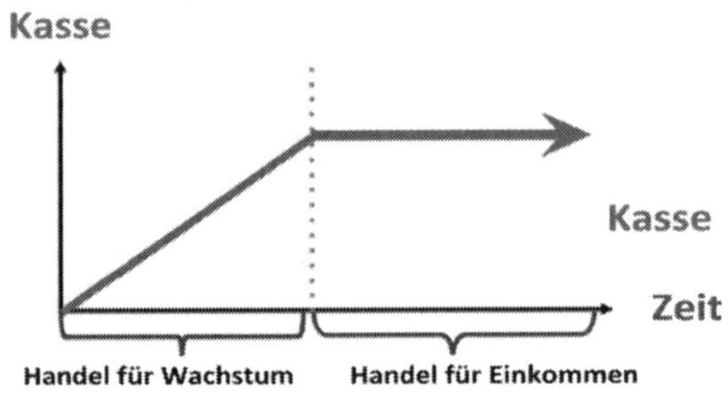

In diesem Kapitel werde ich diese Phasen genauer erläutern, damit Sie wissen, in welcher Phase Sie sich gerade befinden und wie Sie die „Wheel-Strategie“ richtig anwenden.

Zunächst beginnen wir mit dem Handel für Wachstum, da die meisten Leute mit einem kleineren Konto beginnen, zum Beispiel weniger als 200.000 $.

Handel für Wachstum

Die meisten Händler beginnen mit einem Handelskonto kleiner als 200.000 $, und das ist okay!

Wenn dies für Sie zutrifft, dann handeln Sie für Wachstum.

In dieser Phase ist die Idee einfach: Vergrößern Sie Ihr Konto, bis Sie auf einem Niveau sind, wo Sie bequem für Einkommen handeln können, ohne die Regeln Ihrer Handelsstrategie zu brechen.

Ich empfehle in der Regel, mit nicht weniger als 5.000 $ zu beginnen; idealerweise sind Sie in der Lage, mit mindestens 10.000 $ zu beginnen.

Wenn Sie für Wachstum handeln, sollte die Strategie, die Sie verwenden, mindestens eine Rendite von 50 % pro Jahr haben.

Der Schwerpunkt dieses Buches ist es, Ihnen die „Wheel-Strategie" beizubringen, die eine Kontogröße von mindestens 20.000 $ erfordert.

Wenn Ihr Kontostand derzeit weniger als 20.000 $ beträgt, empfehle ich den Handel mit der „PowerX-Strategie" anstelle der „Wheel-Strategie".

Mit der PowerX-Strategie können Sie ein kleines Konto mithilfe von Geldverwaltungsstrategien zu einem größeren Konto aufbauen.

Ich habe ein Buch über diese Strategie geschrieben. Das Buch ist bei Amazon erhältlich, oder Sie können es auf unserer Website kostenlos bekommen. Alles, was Sie tun müssen, ist, die Versandkosten zu bezahlen.

Wenn Sie gerade diesen Abschnitt gelesen haben und Sie erkennen, dass die „Wheel-Strategie" vielleicht noch nicht die richtige Strategie für Sie ist ... lassen Sie sich nicht entmutigen. Lesen Sie weiter! Denn die „Wheel-Strategie" sind im Grunde drei Strategien in einer, und Sie werden eine Menge von wichtigen Grundlagen lernen, die Sie nutzen können, während sie noch in der Wachstumsphase sind.

Handel für Einkommen

Was ist also der Unterschied zwischen „Handel für Wachstum" und „Handel für Einkommen"?

„Handel für Einkommen" bedeutet, dass Ihr Handelskonto groß genug ist, um Gewinne zu erzielen, die Ihr Einkommen ergänzen oder ersetzen. Aber „groß genug" hängt von Ihren Zielen und den Rendite-Erwartungen Ihrer Handelsstrategie ab.

Lassen Sie mich Ihnen ein Beispiel geben:

Nehmen wir an, dass Sie Kaufkraft im Wert von 500.000 $ auf Ihrem Handelskonto haben, und Sie verwenden die Radstrategie.

Das Ziel der „Wheel-Strategie“ ist es, eine Rendite von 30 % zu generieren, also wäre dies ein Gewinn von 150.000 $ pro Jahr.

Das sind 12.500 $ pro Monat.

Wenn Sie also nach einer festgelegten Zeit, ob einmal im Monat oder einmal im Quartal, für Einkommen handeln, werden Sie einen Betrag über 12.500 $ von Ihrem Handelskonto auf Ihr Bankkonto überweisen.

Es ist wichtig zu verstehen, dass Ihre Kontogröße wahrscheinlich der größte Faktor ist, der bestimmt, ob Sie bereit sind, mit dem Handel für Einkommen zu beginnen.

Wie in meinem obigen Beispiel gezeigt, kommt es wirklich auf eine einfache Formel an:

Je mehr Kaufkraft Sie auf Ihrem Konto haben, desto größer ist Ihr Verdienstpotenzial.

Wie viel Geld brauchen Sie, um ihren Lebensunterhalt zu bestreiten?

Also, woher wissen Sie, ob Ihr Handelskonto groß genug ist, um mit dem Handel für Einkommen zu beginnen?

Nun, dieser Wert wird von Person zu Person sehr unterschiedlich sein.

Ihr Einkommensziel hängt von ein paar verschiedenen Faktoren ab:

- Wie hoch sind Ihre monatlichen Lebenshaltungskosten?
- Wie viele Leute sind noch von Ihrem Einkommen abhängig?
- Welches zusätzliche Einkommen benötigen Sie, zum Beispiel um coole Sachen wie Autos und Boote zu kaufen?

Dies sind nur einige Beispiele dafür, was berücksichtigt werden sollte, wenn Sie herausfinden, wie viel Einkommen Sie jeden Monat generieren müssen.

Und so langweilig das klingt, es hilft, ein Budget zu erstellen. Sie müssen nicht alles berücksichtigen, aber Sie sollten Ihre Hauptausgaben auflisten, zum Beispiel:

- Wohnkosten (25 bis 35 %): Miete, Hypothek, Versicherungen, Steuern, Unterhalt
- Transport (10 bis 15 %): Zahlungen oder Leasing, Versicherung, Benzin, Reparaturen
- Lebensmittel (10 bis 15 %): Lebensmittel, Restaurants
- Verbrauchskosten (5 bis 10 %): Heizung, Gas, Wasser, Strom, Internet, TV, Telefon
- Versicherungen und Gesundheitswesen (10 und 15 %): Krankenversicherung, Lebensversicherung
- Reisen und Unterhaltung (10 und 20 %)

Sobald Sie Ihr Budget berechnet haben und genau wissen, wie viel Einkommen Sie jeden Monat verdienen müssen, gibt es eine einfache Formel, die Sie verwenden können, um zu berechnen, wie viel Sie auf Ihrem Handelskonto haben sollten, sodass Sie diesen Geldbetrag jeden Monat generieren können.

Die Formel lautet:

Kaufkraft Ihres Handelskontos = gewünschtes Jahreseinkommen / erwartete Rendite

Hier einige Beispiele:

Angenommen, Sie möchten 10.000 $ pro Monat, d. h. 120.000 $ pro Jahr, verdienen, und Sie verwenden eine Strategie mit einer Rendite von 60 % (zum Beispiel die „PowerX-Strategie“).

Hier sehen Sie, wie viel Kaufkraft Sie in Ihrem Handelskonto benötigen:

120.000 $ gewünschtes Jahreseinkommen / 0,6 erwartete Rendite = 200.000 $

Sie würden also 200.000 $ an Kaufkraft in Ihrem Handelskonto benötigen.

Und wenn dieses Konto ein Margin-Konto wäre, bräuchten Sie nur 100.000 $ in bar, da ein Margin-Konto Ihre Kaufkraft verdoppelt.

Sehen wir uns ein weiteres Beispiel an:

Angenommen, Sie möchten 6.000 $ pro Monat = 72.000 $ pro Jahr verdienen.

Und nehmen wir an, Sie verwenden eine Strategie mit einer Rendite von 30 % (zum Beispiel die „Wheel-Strategie“).

Hier ist die Formel:

72.000 $ gewünschtes Jahreseinkommen / 0,3 erwartete Rendite = 240.000 $

Sie benötigen also 240.000 $ an Kaufkraft auf Ihrem Konto, und wenn Sie ein Margin-Konto handeln, benötigen Sie 120.000 $ in bar, um 6.000 $ pro Monat zu verdienen.

Wie Sie ersehen können, ist es recht einfach zu berechnen, was Sie auf Ihrem Handelskonto benötigen, um für Ihren Lebensunterhalt zu handeln. Wie lauten IHRE Zahlen?

Die wichtigste Kennzahl beim Handel für Einkommen

Wenn Sie für Einkommen handeln, müssen Sie es wie ein Unternehmen betreiben. Und bei jedem erfolgreichen Unternehmen müssen Sie die wichtigsten Kennzahlen im Auge behalten, die die allgemeine Gesundheit Ihres Unternehmens widerspiegeln.

Nach dieser Strategie gibt es eine Schlüsselmetrik, die Sie immer beachten müssen.

Können Sie erraten, was diese ist?

Ob Sie es glauben oder nicht, es ist NICHT der Gewinnprozentsatz.
Es ist nicht der Profitfaktor.
Und es ist auch nicht der durchschnittliche Gewinn pro Trade.

Die wichtigste Metrik ist eine Zahl, von der Sie vielleicht noch nie etwas gehört haben, weil nicht viele Händler darüber sprechen.

Die wichtigste Messgröße beim Traden für Einkommen ist der **Profit pro Tag (PPT).**

Wenn Sie für Einkommen handeln, müssen Sie in der Lage sein vorherzusagen, in welchem Tempo Sie Geld verdienen.
Ja, natürlich ist es wichtig, wie viel Geld Sie verdienen.

Aber es gibt einen großen Unterschied, ob Sie 1.000 $ an einem Tag oder in einem Monat verdienen!

Denn wenn Sie für Einkommen handeln, brauchen Sie Konsistenz. Sie müssen in der Lage sein, vernünftig vorherzusagen, wie viel Geld Sie in einen Monat oder in einem Quartal verdienen werden.

Und das ist der Grund, warum PPT die wichtigste Metrik beim Handel für Einkommen mit der „Wheel-Strategie“ ist. Wenn Sie Ihren PPT kennen, können Sie schnell erkennen, ob die Trades, die Sie in Ihrem Konto haben, Sie auf Kurs halten, um Ihre Einkommensziele zu erreichen.

SRK-Profite generieren

Egal, ob Sie für Einkommen oder für Wachstum handeln, Sie müssen einen Weg finden, um das zu generieren, was ich „SRK-Profite“ nenne.

SRK-Gewinne sind Handelsgewinne, die systematisch, reproduzierbar und konsistent (SRK) generiert werden.

Warum SRK-Gewinne so wichtig sind?

Jeder kann hin und wieder Glück haben. Wenn Sie lange genug handeln, erzielen Sie auch einmal einen „Glückstreffer“.

Nehmen Sie den Apple-Aktiensplit (AAPL) im August 2020 als Beispiel:

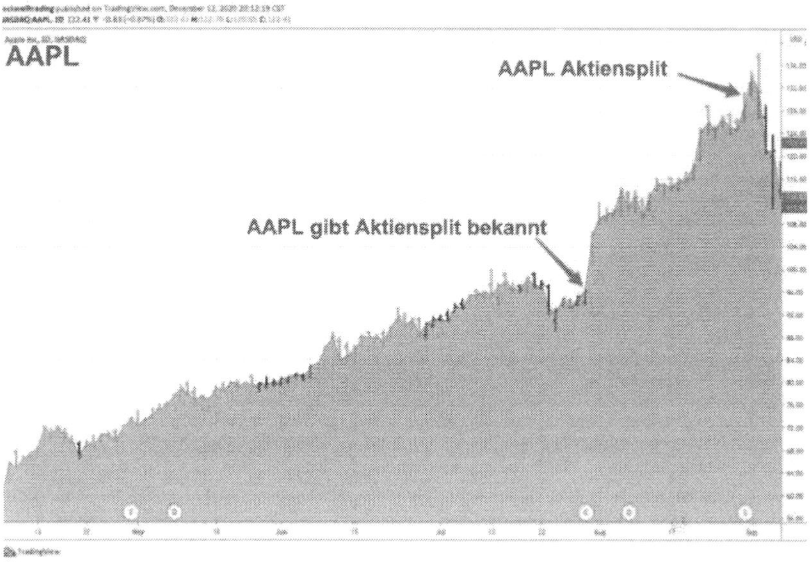

Bei der Verkündung der Quartalszahlen am 30. Juli 2020 gab Apple einen 4:1-Aktiensplit für den 31. August 2020 bekannt.

Und nach der Ankündigung **stieg Apple um 30 % in 4 Wochen!**

Wenn Sie diesen Sprung erwischt haben, gut für Sie!

Dies sind jedoch keine SRK-Gewinne:

Sie waren nicht systematisch, weil es keinen Plan, keine Strategie gab, nichts, das irgendwelche Tests durchlief, die den Vorgang für eine effektive Methode beurteilten, um Geld in den Märkten zu verdienen.

Es war einfach ein „Würfelspiel".

Das war auch nicht wiederholbar.

Sie wissen nicht, wann der nächste AAPL-Split stattfinden wird.

Und wir haben keine Möglichkeit, die Richtung genau vorherzusagen, in die sich die Aktie direkt vor oder nach dem Split bewegen wird.

In der Tat, wie Sie aus dem Diagramm unten sehen können, ging die AAPL-Aktie in den nächsten 3 Monaten nirgendwohin und bewegte sich nur seitwärts:

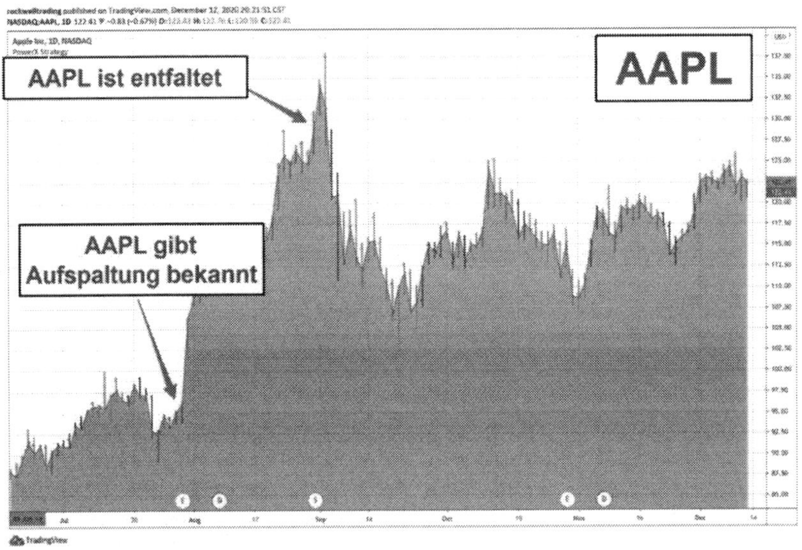

Hier ist ein weiteres Beispiel:

Manche hatten Glück, als sie ZOOM (ZM) während der Coronavirus-Pandemie kauften.

Zwischen Februar und Oktober 2020 schoss ZOOM um 564 % in die Höhe!

Und noch einmal: Wenn Sie diesen Zug erwischt haben oder sogar nur einen Teil davon: gut für Sie!

Aber dies ist ein weiteres großartiges Beispiel für einen „Glücksgriff“.

Weil Sie diesen Trade im nächsten Monat nicht wiederholen können ... oder im nächsten Jahr.

Wenn Sie diese Bewegung erwischt haben, war es wahrscheinlich der Trade des Jahrhunderts, und Sie werden ihn nicht wiederholen können.

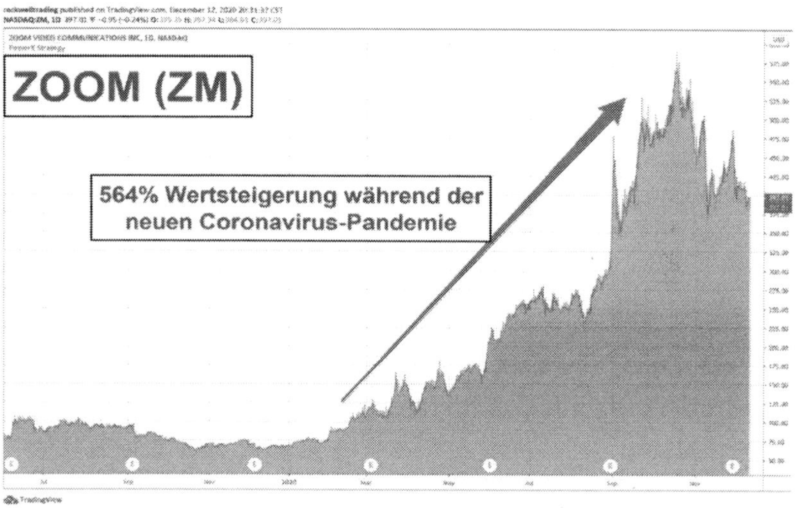

Als professioneller Trader verlassen Sie sich nicht auf „Glücksgeschäfte".

Wenn sie passieren, sind sie ein Sahnehäubchen. Dies sind die Trades, die Ihnen erlauben, ein neues Auto zu kaufen - oder den Hubschrauber.

Aber für Ihren Einkommenshandel brauchen Sie SRK-Gewinne.

Alle meine Handelsstrategien sind systematisch, wiederholbar und konsistent. SRK-Gewinne sind absolut entscheidend, wenn Sie für Ihren Lebensunterhalt handeln.

Und deshalb benutze ich nur Strategien wie „The Wheel", die SRK-Gewinne produzieren können, Woche für Woche.

Kapitel 4

Optionsgrundlagen - das müssen Sie wissen

„Vervollkommnen Sie Ihre Grundlagen - und das Niveau von allem, was Sie tun, wird steigen."

- Michael Jordan

„The Wheel" ist eine Optionshandelsstrategie.

Bevor Sie also mit dem Handel der „Wheel-Strategie"" beginnen können, müssen Sie zuerst die Grundlagen von Optionen verstehen.

Wenn Optionen neu für Sie sind, dann ist dieses Kapitel wichtig für Sie. Ich verspreche Ihnen, Optionen einfach zu erklären, ohne Sie mit nutzlosem Jargon zu überwältigen.

Dieses Kapitel ist auch sinnvoll, wenn Sie etwas Erfahrung mit Optionen haben, aber diese vielleicht ein wenig verwirrend finden und Sie sich nicht sicher sind, wie all dies zusammenhängt.

Die meisten Leute, die versuchen, Optionen zu erklären, machen es zu kompliziert.

Sie sprechen über Dinge wie das „Black-Scholes-Modell“ oder das „Binomial-Modell“, „The Greeks“ wie Delta, Theta, Rho, implizite Volatilität etc. … und sie mögen es, ausgefallene Begriffe zu verwenden, um den Optionshandel sehr kompliziert klingen zu lassen und Ihnen ihre Kurse oder Schulungen zu verkaufen.

Aber so bin ich nicht. Das war nie mein Stil.

Ich mag es, die Dinge so einfach wie möglich zu gestalten.

Es gibt ein Zitat von Einstein, das dies perfekt zum Ausdruck bringt:

„Alles sollte so einfach wie möglich gemacht werden, aber nicht einfacher.“

Wenn Sie ganz neu im Optionshandel sind, ist es leicht, sich zu verzetteln.

Die gute Nachricht: Um die „Wheel-Strategie“ zu traden, müssen Sie nur ein paar der Grundlagen verstehen, und dann haben Sie alle Kenntnisse und Zuversicht, die Sie brauchen, um mit dem Handeln zu starten.

In diesem Kapitel werden wir uns auf die Grundlagen konzentrieren, die Sie für eine fundierte Basis im Optionshandel brauchen.

Was ist eine Option?

Eine Option ist ein Vertrag, der Ihnen das Recht, aber nicht die Verpflichtung gibt, 100 Aktien oder Anteile eines ETF zu einem bestimmten Preis bis zu einem bestimmten Datum zu kaufen oder zu verkaufen.

Der Unterschied zwischen Aktien und Optionen: Eine Aktie stellt das Eigentum eines Unternehmens dar. Hingegen ist eine Option nur ein Vertrag, den Sie verwenden können, um diese Aktien zu kaufen oder zu verkaufen.

Verglichen mit dem direkten Ankauf von Aktien haben Optionen gewisse Vorteile.

Denken Sie daran, dass EIN Optionsvertrag das Recht darstellt, 100 Aktien zu kaufen oder verkaufen.

Wenn Sie 100 Aktien von Apple (AAPL) kaufen würden, müssten Sie den tatsächlichen Aktienkurs der Aktie multipliziert mit 100 bezahlen. Wenn also die AAPL-Aktie für 126 $ je Aktie gehandelt wird, dann würden 100 Aktien 12.600 $ kosten.

Wenn Sie jedoch einen Optionsvertrag kaufen, zahlen Sie einen Bruchteil dieses Preises, um die gleiche Menge an Aktien zu kontrollieren.

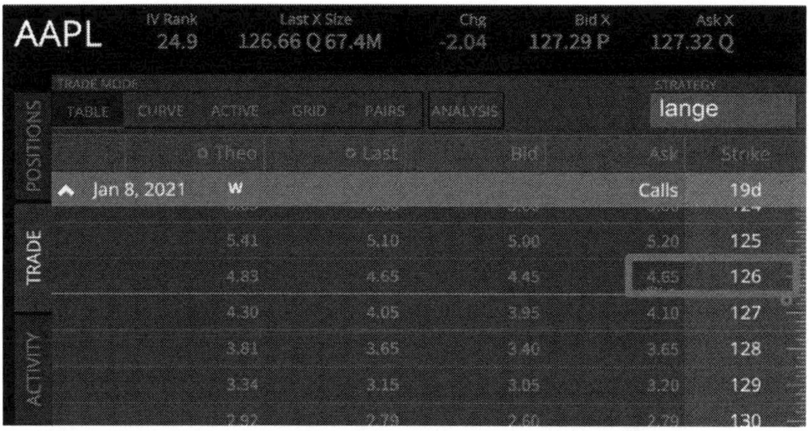

Hier ist ein Beispiel:

Wie Sie im Bild oben sehen können, kostet eine (1) Call-Option 4,65 $, um AAPL-Aktien für 126 $ zu kaufen.

Da Optionen in „100-Stück-Zahlen“ gehandelt werden, würden Sie 465 $ für das Recht zahlen, AAPL für 126 $ am oder vor dem 8. Januar 2021 zu kaufen, was noch 19 Tagen entfernt ist.

Würden Sie lieber 12.600 $ für den Besitz von 100 AAPL-Aktien zu 126 $ oder 465 $ für das Recht, AAPL für 126 $ zu kaufen, zahlen?

Offensichtlich ist es billiger, das RECHT zu kaufen, AAPL für 465 $ zu besitzen, als 100 Aktien von AAPL direkt zu kaufen.

Ein weiterer Vorteil:

Beim Kauf von Optionen gibt es ein begrenztes Verlustrisiko. Wenn Sie Aktien eines Unternehmens direkt kaufen und der Preis fällt, können Sie bis zu 100 % der Investition verlieren, wenn der Preis auf 0 $ fällt.
Nun, das ist ein unwahrscheinliches Szenario, aber es ist immer noch eine Möglichkeit. Vielleicht erinnern Sie sich noch an Enron oder Worldcom. Oder vor nicht allzu langer Zeit, an den Crash von Wirecard.

Beim Kauf von Optionen haben Sie nicht die Verpflichtung, sondern das Recht, die Option auszuüben, und wenn Sie es nicht tun, haben Sie nur den Betrag verloren, den Sie für den Vertrag bezahlt haben.

In dem obigen Beispiel können Sie nie mehr als 465 $ verlieren, selbst wenn die AAPL-Aktie auf 76 $ abstürzen würde.

Wenn Sie 100 Aktien gehandelt hätten, würden Sie 126 $ - 76 $ = 50 $ * 100 Aktien = 5.000 $ verlieren.

Aber wenn Sie die Option gehandelt hätten, würden Sie nur 465 $ verlieren.

Der Verkauf von Optionen ist mit ein bisschen mehr Risiko verbunden, und wir werden dies als Nächstes betrachten.

4 Dinge, die Sie über Optionen wissen müssen

Nun, da Sie eine grundlegende Vorstellung davon haben, was eine Option ist, gibt es 4 Dinge, die Sie über Optionen wissen müssen:

1. Optionen haben einen Ausübungspreis.
2. Optionen haben ein Verfallsdatum.
3. Es gibt Call-Optionen, und es gibt Put-Optionen.
4. Sie können Optionen kaufen, oder Sie können Optionen verkaufen.

Schauen wir uns diese 4 Aspekte genauer an.

#1 - Ausübungspreise (Strike Price)

Der Ausübungspreis ist der Preis, zu dem der Basiswert (in diesem Beispiel eine Aktie) erworben werden kann, wenn der Optionsvertrag ausgeübt wird. Sie wählen den Ausübungspreis zum Zeitpunkt des Kaufs oder Verkaufs des Optionsvertrags aus.

Der Ausübungspreis und der Preis der Aktie zum Zeitpunkt des Kaufs oder Verkaufs bestimmt, ob Ihr Ausübungspreis als In-The-Money (ITM), At-The-Money (ATM) oder Out-Of-The-Money (OTM) betrachtet wird.

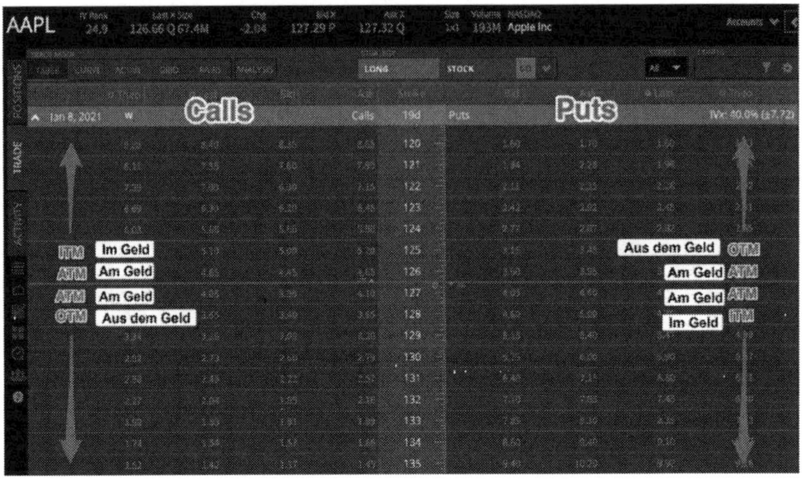

Im Geld (In-The-Money oder ITM) Optionsausübungspreise

ITM-Call-Optionen haben einen Ausübungspreis unterhalb des aktuellen Aktienkurses. ITM-Put-Optionen haben einen Ausübungspreis oberhalb des aktuellen Aktienkurses.

Für unser AAPL-Beispiel (aktueller Preis 126,66 $) gelten die Ausübungspreise von 125 $ und darunter als ITM für Call-Optionen. Und die Ausübungspreise von 128 $ und höher gelten als ITM für Put-Optionen.

Am Geld (At-The-Money oder ATM) Optionsausübungspreise

Ein At-The-Money-Optionsausübungspreis wäre der Schlusskurs am aktuellen Marktpreis der Aktie.

Für unser AAPL-Beispiel (aktueller Preis 126,66 $) sind die Ausübungspreise von 126 und 127 die nächsten Ausübungspreise, die angeboten werden. Diese Optionsausübungspreise gelten also als At-The-Money sowohl für Call- als auch für Put-Optionen.

Aus dem Geld (Out-Of-The-Money oder OTM) Optionsausübungspreise

Der Ausübungspreis einer OTM-Call-Option liegt über dem aktuellen Marktpreis der Aktie. Bei einer OTM-Put-Option liegt der Ausübungspreis unter dem aktuellen Marktpreis der Aktie.

Für unser AAPL-Beispiel (aktueller Preis 126,66 $) gelten die Ausübungspreise von 128 und höher als OTM für Call-Optionen.

Und die Ausübungspreise von 125 und darunter gelten als OTM für Put-Optionen.

#2 - Verfallsdatum (Expiration Date)

Optionen sind Verträge, die stets ein Verfallsdatum haben.

Optionen haben ein monatliches Verfallsdatum. Es gibt einige Optionen, die auch ein wöchentliches Verfallsdatum haben.

Optionen mit einem wöchentlichen Verfallsdatum werden oft mit einem „w“ (w = weekly) markiert:

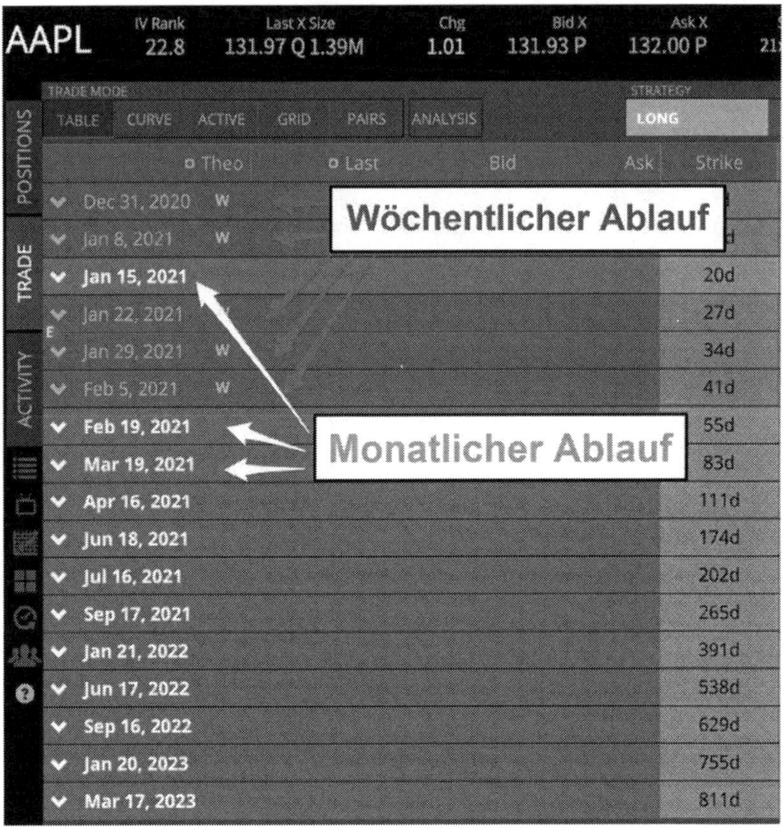

Das Verfallsdatum fällt immer auf einen Freitag, es sei denn, es ist ein bedeutender Feiertag wie zum Beispiel Weihnachten 2020 - der 25. Dezember fiel auf einen Freitag. In diesem Fall ist der Verfallstag der Tag vor dem Feiertag.

Sobald eine Option verfällt/abläuft, verlieren Sie das Recht, die zugrunde liegende Aktie zum angegebenen Ausübungspreis zu kaufen oder zu verkaufen.

Daher ist es sehr wichtig, dass Sie das richtige Verfallsdatum wählen.

Als Optionskäufer möchten Sie einen längeren Verfallszeitraum, in der Regel 30 Tage oder mehr.

Als Optionsverkäufer möchten Sie einen kürzeren Verfallszeitraum, in der Regel 14 Tage oder weniger.

Darüber werden wir ausführlicher im nächsten Kapitel sprechen.

#3 - Call-Optionen im Vergleich zu Put-Optionen

Es gibt Call-Optionen und Put-Optionen. Schauen wir uns beide im Detail an:

Call-Optionen

In den vorherigen Kapiteln haben wir hauptsächlich über Call-Optionen gesprochen.

Zur Erinnerung: Wenn Sie eine Call-Option besitzen, haben Sie das Recht, eine Aktie zum Ausübungspreis vor Ablauf zu kaufen. Also wenn die Option einen Ausübungspreis von 100 $ hat und der tatsächliche Preis der Aktie auf 110 $ steigt, erlaubt Ihnen die Option, die Aktie für 100 $ pro Aktie statt für 110 $ pro Aktie zu kaufen.

Oft sehen Sie eine Call-Option, die wie folgt notiert wird: „AAPL Call 280 April 17“.

Dies bedeutet, dass Sie AAPL für 280 $ (Ausübungspreis) am oder vor dem 17. April (Verfallsdatum) kaufen können. Denken Sie daran, Sie haben das Recht, dies zu tun, aber nicht die Verpflichtung. Werfen wir einen Blick auf einen Aktienchart, um zu sehen, ob dies sinnvoll ist.

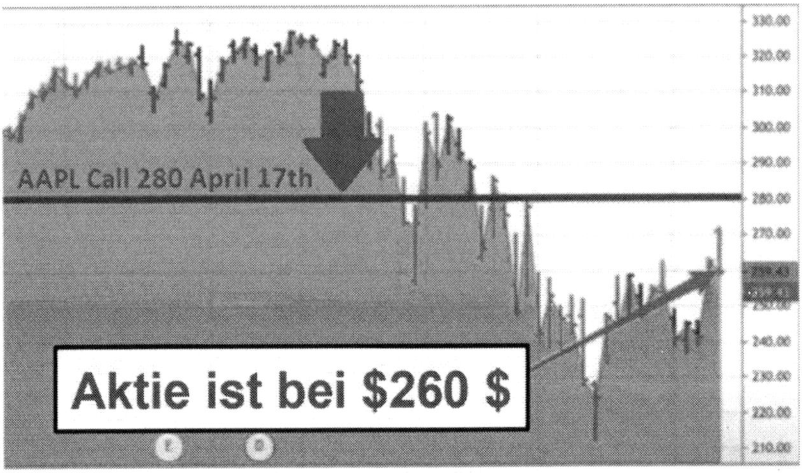

Nehmen wir für dieses Beispiel an, dass AAPL bei 260 $ gehandelt wird.

Wenn Sie den AAPL-Call 280 für den 17. April besitzen, bedeutet dies, dass Sie das Recht haben, AAPL für 280 $ vor dem 17. April zu kaufen.

Quizfrage: Wie viel ist die Option wert, wenn AAPL für 260 $ gehandelt wird und Sie das Recht haben, AAPL für 280 $ zu kaufen?

Diese Call-Option ist „aus dem Geld“.

Es wäre nicht sinnvoll, diese Call-Option auszuüben und die Aktien für 280 $ zu kaufen, wenn es billiger ist, die Aktie einfach direkt für 260 $ zu kaufen.

Diese Call-Option wäre nur etwas wert, wenn sich die Aktie über 280 $ bewegt. Aber solange der Kurs der Aktie unter 280 $ bleibt, ist die Call-Option nichts wert.

Schauen wir uns ein anderes Beispiel mit einem anderen Ausübungspreis an:

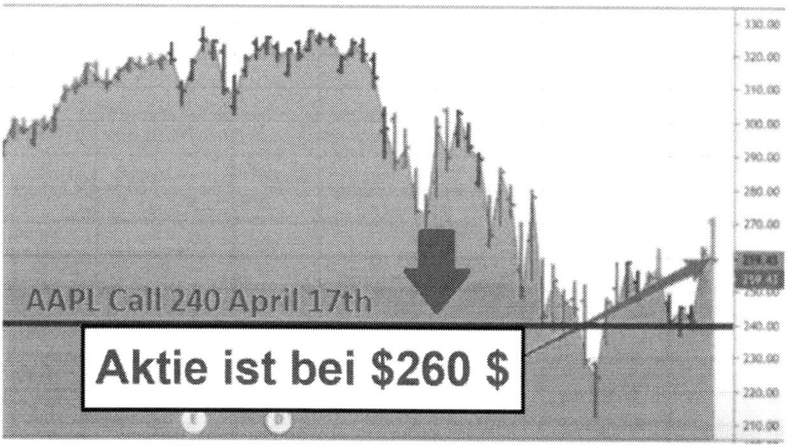

Hier ist ein anderer Ausübungspreis.

Zum Beispiel die AAPL Call-Option 240 April 17. In diesem Fall haben Sie das Recht, aber nicht die Verpflichtung, AAPL zum Ausübungspreis von 240 $ am oder vor Ablauf des 17. Aprils zu kaufen.

Im obigen Chart wird AAPL derzeit bei 260 $ gehandelt.

Die gleiche Frage hier: Wie viel ist die Call-Option wert?

Nun, wenn Sie die Aktie für 240 $ kaufen dürfen, und sie wird derzeit bei 260 $ gehandelt, bedeutet das, dass die Call-Option 20 $ wert ist - und sie ist „im Geld".

Es ist wirklich ganz einfach. Der Ausübungspreis im Vergleich zum aktuellen Kurs, zu dem die Aktie gehandelt wird, bestimmt den Wert der Call-Option.

Wenn der Ausübungspreis niedriger ist als der aktuelle Kurs, zu dem die Aktie gehandelt wird, dann ist er „im Geld".

Auf der anderen Seite, wenn der Ausübungspreis höher ist als der aktuelle Preis, zu dem die Aktie gehandelt wird, dann ist es „aus dem Geld“.

Aber es gibt noch eine weitere interessante Komponente, und das ist der **Zeitwert (time value)**.

Wir werden den Zeitwert im nächsten Kapitel näher erläutern, aber ich möchte ihn hier kurz behandeln, da es um ein Grundprinzip des Optionshandels geht.

Im Moment wird diese Option für 22,30 $ gehandelt.

Aber warten Sie ... Wenn diese Call-Option 20 $ wert ist, wie wir gerade festgestellt haben, warum wird sie für mehr als 20 $ gehandelt? Warum gibt es dort eine sogenannte „Prämie“?

Diese Prämie wird auch von Händlern allgemein als „Zeitwert“ bezeichnet. In diesem Fall könnte es daran liegen, dass sich der Preis von AAPL noch weiter erhöht, und das ist das, was Händler erwarten, weil es noch eine bestimmte Anzahl von Tagen gibt, an denen wir diese Aktie für 240 $ kaufen dürfen. Wenn sich der Preis von AAPL höher bewegt, wird die Option mehr wert sein.

Die Prämie, die Sie sehen, ist nur die Prämie für eine Aktie, und da jeder Vertrag 100 Aktien darstellt, ist diese Zahl multipliziert mit 100 der Betrag in der Prämie, die Sie bezahlen werden.

Solange noch Zeit vor Ablauf bleibt, haben Optionen immer einen gewissen Zeitwert, zusätzlich zum realen Wert. Mehr dazu im nächsten Kapitel.

Put-Optionen

Zum jetzigen Zeitpunkt sollten Sie ein gutes Verständnis dafür haben, was Call-Optionen sind.

Aber wir haben Put-Optionen bisher nur kurz behandelt, also lassen Sie uns jetzt ausführlicher darüber sprechen.

Eine Call-Option gibt Ihnen das Recht, eine Aktie zu einem bestimmten Preis vor dem Verfallsdatum zu **kaufen**. Eine Put-Option gibt Ihnen das Recht, eine Aktie zu einem bestimmten Preis (Ausübungspreise) vor dem Verfallsdatum zu **verkaufen**.

Hier ist ein Beispiel: AAPL Put 280 April 17.

Mit dieser Put-Option können Sie AAPL für 280 $ (Ausübungspreis) vor dem 17. April (Ablauf) verkaufen. Denken Sie daran, Sie haben das Recht, dies zu tun, aber nicht die Verpflichtung, genauso wie bei Call-Optionen.

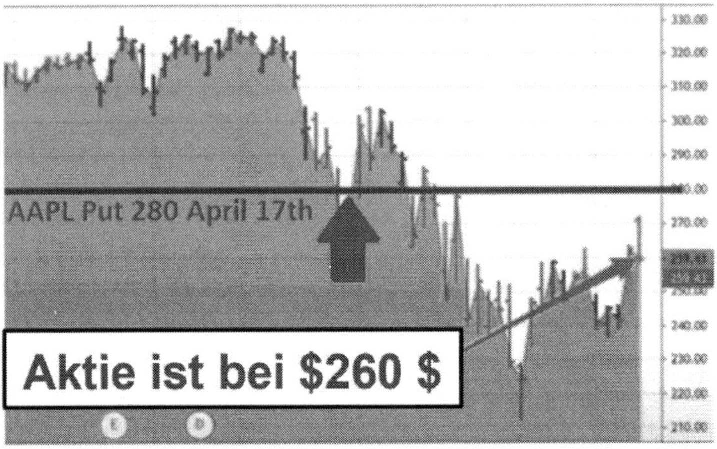

Da AAPL im Moment mit 260 $ gehandelt wird, haben Sie das Recht, die Aktie zu dem viel höheren Kurs von 280 $ zu verkaufen (wenn Sie Aktien verkaufen, profitieren Sie von einem fallenden Markt). Das bedeutet, dass die Put-Option 20 $ wert ist - und sie ist „im Geld".

#4 – Kauf von Optionen im Vergleich zum Verkauf von Optionen

Beim Kauf von Optionen haben Sie entweder das Recht, die zugrunde liegende Aktie zu einem bestimmten Preis (dem Ausübungspreis) zu kaufen oder zu verkaufen, je nachdem, ob Calls oder Puts gekauft wurden.

Kaufoptionen gelten als „Belastung", da Sie im Voraus für den Vertrag bezahlen.

Beim Verkauf von Optionen übernehmen Sie die Gegenseite:

Sie haben entweder die Verpflichtung, das zugrunde liegende Wertpapier zu einem bestimmten Preis (dem Ausübungspreis) zu kaufen oder zu verkaufen, wieder abhängig davon, ob Calls oder Puts verkauft wurden.

Beim Verkauf von Optionen erhalten Sie eine „Gutschrift" in Form der Prämie für den Vertrag, den Sie verkauft haben.

Es gibt zwei Schlüsselkonzepte, die Sie beim Kauf oder beim Verkauf von Optionen wissen müssen.

Erstens haben Sie beim Kauf von Optionen das **Recht**, die Aktien des zugrunde liegenden Wertpapiers zu kaufen oder zu verkaufen. Beim Kauf von Optionen zahlen Sie im Voraus, was als **Belastung** gilt.

Beim Verkauf von Optionen sind Sie **verpflichtet**, Aktien des zugrunde liegenden Wertpapiers zu kaufen oder zu verkaufen. Wenn Sie der Optionsschreiber (Verkäufer von Optionen) sind, kassieren Sie eine Gebühr für den Verkauf dieses Vertrags, der als **Prämie** bezeichnet wird.

Schauen wir uns das genauer an:

Kauf von Optionen

	Calls	**Puts**
Kauf	Beim Kauf von Calls haben Sie das **Recht** die Aktie zu einem festgelegten Preis zu KAUFEN.	Beim Kauf von Puts haben Sie das **Recht** die Aktie zu einem festgelegten Preis zu VERKAUFEN.

Wenn Sie eine Call-Option kaufen, verdienen Sie Geld, wenn die Aktie steigt.

Beispiel: Wenn die Option einen Ausübungspreis von 100 $ hat und der Kurs der Aktie auf 110 $ steigt, können Sie Aktien, die im Moment zum Preis von 110 $ pro Aktie gehandelt werden, für nur 100 $ pro Aktie kaufen.

Wenn der Preis jedoch unter den Ausübungspreis fällt, haben Sie nicht die Verpflichtung, die Option auszuüben. Ihr maximaler Verlust ist also die Prämie, die Sie für den Optionsvertrag bezahlt haben.

Denken Sie daran, beim Kauf von Optionen haben Sie das RECHT, nicht die VERPFLICHTUNG, die Option auszuüben, sodass Sie nicht die Aktien kaufen müssen.

Wenn Sie eine Put-Option kaufen, verdienen Sie Geld, wenn die Aktie fällt.

Beispiel: Wenn die Option einen Ausübungspreis von 110 $ hat und der Kurs der Aktie auf 100 $ fällt, bedeutet dies, dass Sie Aktien, die im Moment für nur 100 $ pro Aktie gehandelt werden, für den höheren Preis von 110 $ pro Aktie verkaufen können.

Wenn der Preis jedoch über den Ausübungspreis steigt, haben Sie nicht die Verpflichtung, die Option auszuüben, und Sie verlieren nur die Prämie, die Sie bezahlt haben.

Denken Sie daran, beim Kauf von Optionen haben Sie nur das RECHT, nicht die VERPFLICHTUNG, den Vertrag auszuüben.

Verkauf von Optionen

	Calls	**Puts**
Verkauf	Beim Verkauf von Calls haben Sie die **Verpflichtung** die Aktie zu einem festgelegten Preis zu VERKAUFEN.	Beim Verkauf von Puts haben Sie die **Verpflichtung** die Aktie zu einem festgelegten Preis zu KAUFEN.

Es gibt immer zwei Seiten bei jedem Handel: Wann immer ein Händler einen Call oder einen Put kauft, gibt es jemanden am anderen Ende, der diesen Call oder Put verkauft.

Wenn der Käufer also eine Prämie für eine Option zahlt, kassiert der Verkäufer dieses Vertrags diese Prämie.

Und genau das werden wir mit der „Wheel Strategie" machen.

Denken Sie nur daran, „das Gegenteil zu tun":

Wenn Sie eine **Call-Option verkaufen**, verdienen Sie Geld, wenn der Preis **sinkt**.

Wenn Sie eine Call-Option verkaufen, erhalten Sie eine Prämie. Und wenn Sie eine Call-Option mit einem Ausübungspreis von 260 verkauft haben und der Kurs der Aktie bei Ablauf unter 260 $ liegt, würde diese Option wertlos verfallen und Sie behalten die Prämie.

Wenn der Preis jedoch über 260 $ steigt, sagen wir 280 $, behalten Sie immer noch die Prämie, aber Sie haben jetzt die Pflicht, die Aktien zum Ausübungspreis zu verkaufen - wenn der Käufer sein Recht ausübt, die Aktien zum Ausübungspreis zu kaufen.

Dies wird als „Zuteilung“ oder „Zuweisung“ bezeichnet und ist ein bedeutender Teil der „Wheel-Strategie“. Wir werden dies in Kapitel 8 ausführlicher behandeln.

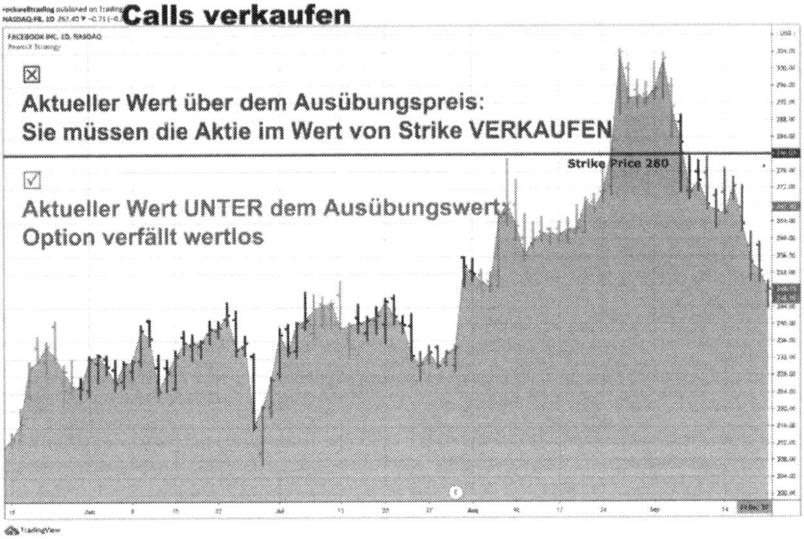

In diesem Beispiel würden Sie 20 $ pro Option verlieren: Sie müssen die Aktien zum Ausübungspreis von 260 verkaufen, aber da Sie die Aktien nicht haben, müssen Sie sie zum höheren Preis von 280 $ mit einen Verlust von 20 $ kaufen.

Wenn Sie eine Put-Option verkaufen, verdienen Sie Geld, wenn der Preis steigt - oder solange der Aktienkurs über dem Ausübungspreis bleibt, den Sie verkauft haben.

Wenn Sie eine Put-Option verkauft haben, die einen Ausübungspreis von 280 $ hat, und der Kurs der Aktie bei Ablauf über 280 $ schließt, läuft die Option wertlos aus und Sie behalten die gesamte Prämie, die der Käufer bezahlt hat.

Wenn der Preis jedoch unter 280 $ fällt, sagen wir auf 250 $, behalten Sie immer noch die Prämie, aber Sie haben jetzt die

VERPFLICHTUNG, Aktien zum Ausübungspreis zu kaufen (dieser Prozess wird als Zuteilung bezeichnet).

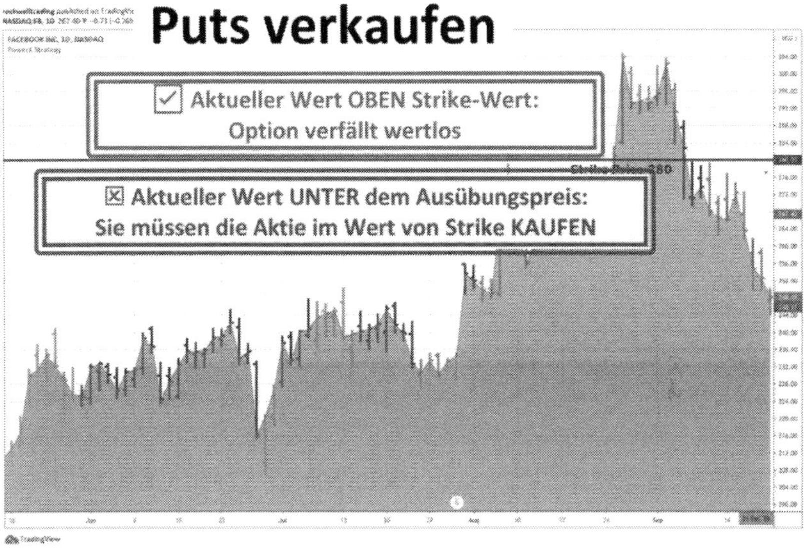

Sie würden also 30 $ pro Aktie verlieren, wenn Sie die Verpflichtung hätten, Aktien für 280 $ zu kaufen, und sie sofort zu 250 $ (aktueller Marktpreis) verkaufen, um den Trade zu schließen. Und da Optionen in „100er-Packs" kommen, würden Sie 100 x 30 $ = 3.000 $ verlieren.

4 Optionsstrategien – die Grundbausteine

Nun, da Sie eine solide Grundübersicht über den Optionshandel haben, möchte ich Ihnen 4 grundlegende Optionsstrategien zeigen. Diese 4 Strategien sind die „Grundbausteine" des Optionshandels.

Sobald Sie diese 4 grundlegenden Strategien verstehen, werden Sie in der Lage sein, fortgeschrittene und komplexere Handelsstrategien zu entwickeln.

Wir werden 2 dieser 4 Strategien verwenden, wenn wir die „Wheel-Strategie" handeln.

Hier sind die 4 grundlegenden Strategien für den Optionshandel:

1. Kauf von Calls - wenn Sie erwarten, dass die Aktie steigt (bullisch)
2. Verkaufen von Calls - wenn Sie erwarten, dass die Aktie seitwärts geht oder fällt (bärisch)
3. Kaufen von Puts - wenn Sie erwarten, dass die Aktie fällt(bärisch)
4. Verkaufen von Puts - wenn Sie erwarten, dass die Aktie seitwärts geht oder steigt (bullisch)

Wie Sie sehen können, gibt es mehr als eine Möglichkeit, von höheren und niedrigeren Marktbewegungen zu profitieren.

Die Frage stellt sich dann:

Wann würden Sie eine dieser Strategien gegenüber einer anderen vorziehen?

Wenn Sie bullisch sind und erwarten, dass der Kurs der Aktie steigt, würden Sie entweder **Calls kaufen** oder **Puts verkaufen**.

Wenn Sie auf der anderen Seite bärisch sind und erwarten, dass der Kurs der Aktie fällt, würden Sie entweder **Calls verkaufen** oder **Puts kaufen**.

Eine gute Möglichkeit, zu bestimmen, ob Sie Optionen kaufen oder verkaufen möchten, ist der CBOE Volatility Index (VIX) - auch bekannt als „Der Angst Index".

Der VIX wurde von dem Chicago Board Options Exchange (CBOE) erstellt und ist ein Echtzeit-Marktindex, der die Markterwartungen der Volatilität der nächsten 30 Tagen darstellt.

Kurz gesagt, wenn der VIX hoch ist, ist es in der Regel besser, Optionen zu VERKAUFEN. Wenn der VIX hoch ist, werden auch die Optionsprämien höher sein. Und wenn die Optionsprämien hoch sind, verdienen Sie als Verkäufer eine höhere Prämie.

Und wenn der VIX niedrig ist, ist es besser, Optionen zu KAUFEN, da die Prämien niedriger sein werden.

Als Faustregel gilt: Wenn der VIX über 30 liegt, VERKAUFEN Sie Optionen. Und wenn er unter 30 ist, sollten Sie Optionen KAUFEN.

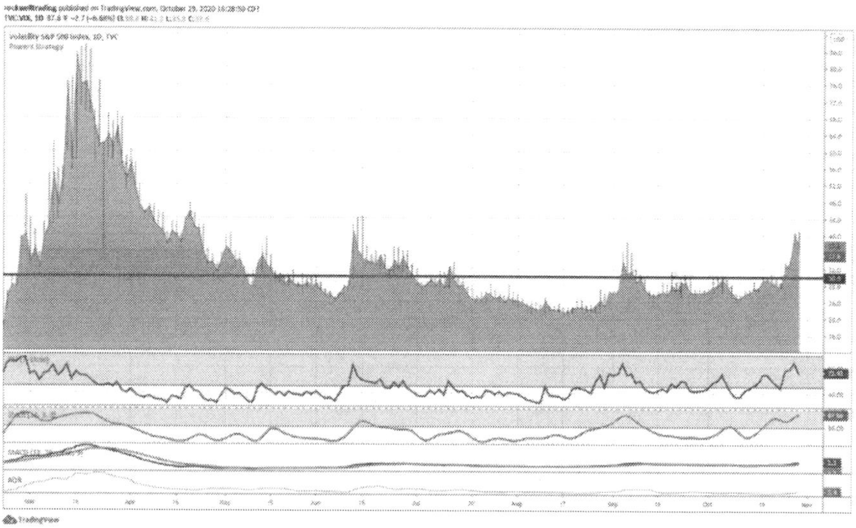

Wie Sie sehen, muss der Optionshandel nicht übermäßig kompliziert sein.

Sie brauchen nur die Grundlagen, die wir in diesem Kapitel diskutiert haben, um den Optionshandel zu starten. Was Sie bisher gelernt haben, ist alles, was Sie für die „Wheel-Strategie“ benötigen.

Aber ... und ja, es kommt ein großes ABER ... Optionen zu handeln kann gefährlich sein, wenn Sie nicht wissen, was Sie tun!

Aus diesem Grund habe ich dieses Kapitel, das sich nur auf die Grundlagen des Optionshandels konzentriert, geschrieben.

Viele Menschen verlieren ihr hart verdientes Geld mit Optionen, weil sie diese Grundlagen nicht verstehen.

Und selbst wenn Sie noch ein bisschen verwirrt sind, ist das okay.

Lesen Sie weiter, und wenn Sie später stecken bleiben, dann können Sie dieses Kapitel vielleicht noch ein paarmal lesen.

Das ist in Ordnung, denn sobald Sie es verstanden haben, wird es zur Routine für Sie!

Kapitel 5

Prämie und Theta-Verfall

In diesem Kapitel werden wir Optionsprämien und Theta-Verfall ausführlicher behandeln.

Wir werden uns spezifische Beispiele dafür ansehen, wie sie funktionieren, und wie Sie sehen werden, sind der Theta-Verfall und das Kassieren der Prämie wichtige Bestandteile der „Wheel-Strategie“.

Prämie bei Call-Optionen

Hier ist ein Beispiel:

Nehmen wir an, eine Aktie wird derzeit für 132 $ gehandelt.

Und nehmen wir an, wir schauen uns eine Call-Option mit einem Ausübungspreis von 125 $ und eine weitere Call-Option mit einem Ausübungspreis von 135 $ an.

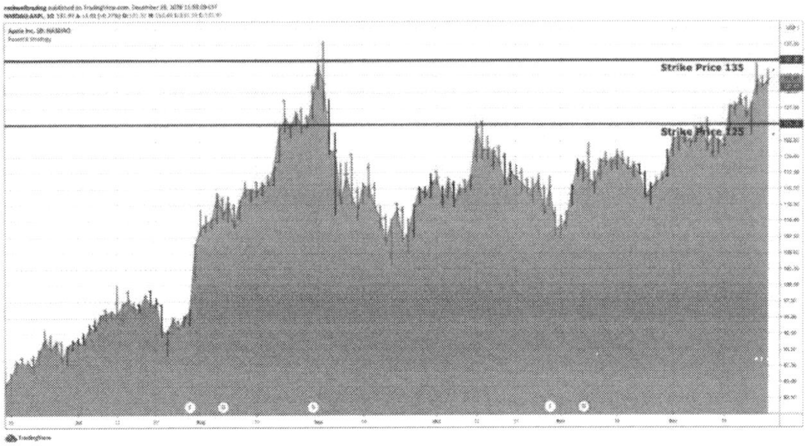

Wenn wir eine Call-Option mit einem Ausübungspreis von 135 $ kaufen, haben wir das Recht, die Aktie für 135 $ zu kaufen.

Natürlich würden wir dieses Recht nicht ausüben, da es nicht sinnvoll ist, die Aktie bei 135 $ (dem Ausübungspreis) zu kaufen, wenn der aktuelle Preis 132 $ beträgt.

Und darum ist der WAHRE WERT, oder der intrinsische Wert, dieser Option „0“. Das ist sehr typisch für eine Option, die „aus dem Geld“ ist.

Auf der anderen Seite ist die Call-Option mit einem Ausübungspreis von 125 $ eine andere Geschichte.

Ein Ausübungspreis von 125 $ bedeutet, dass wir die Aktie für 125 $ kaufen können. So könnten wir „die Option ausüben“, die Aktie für 125 $ besitzen und sie sofort zum aktuellen Preis von 132 $ verkaufen.

Dies bedeutet, dass der reale Wert dieses Calls 132 $ - 125 $ = 7 $ beträgt. Und diese Option wird als „im Geld“ bezeichnet.

Aber wenn wir uns die Optionskette ansehen, sehen wir, dass diese Option mit 20 Tagen bis zum Ablauf (DTE – „days to expiration“) derzeit für 8,75 $ gehandelt wird!

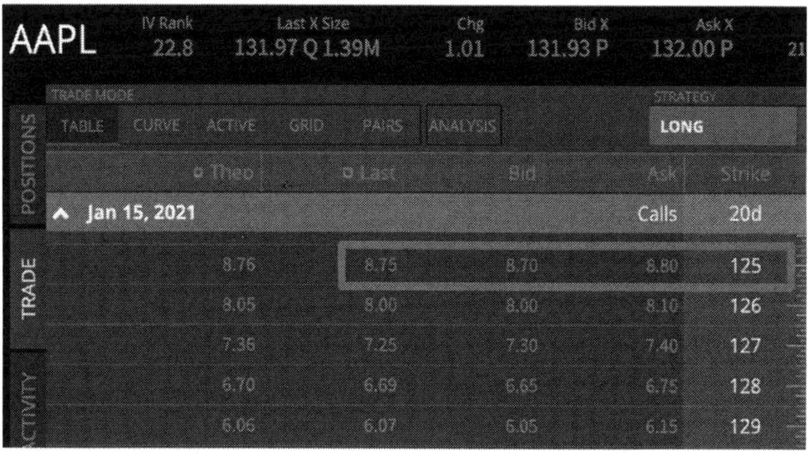

Wir haben bereits den realen (oder intrinsischen) Wert dieser Option berechnet:

Der Aktienkurs: 132 $ - der Ausübungspreis: 125 $ = 7 $

Die Differenz zwischen dem aktuellen Marktpreis und dem realen Wert ist das, was als Zeitwert bekannt ist. Der Zeitwert dieser Call-Option ist also:

Marktpreis 8,75 $ – Realwert 7 $ = Zeitwert 1,75 $

Was genau ist nun der „Zeitwert“?

Händler erwarten, dass sich der Kurs der Aktie bis zum Ablauf nach oben bewegt, und deshalb sind sie bereit, eine Prämie für die Option zu zahlen. Der Zeitwert (auch bekannt als Prämie), den Händler bereit sind, für eine Option zu bezahlen, wird jeden Tag kleiner.

Am Tag des Ablaufs wird der Zeitwert von 1,75 $ auf nur wenige Cent gesunken sein.

Prämie bei Put-Optionen

Verwenden wir dasselbe Beispiel mit Put-Optionen.

Die Aktie wird für 132 $ gehandelt. Und wir erwägen Put-Optionen mit einem Ausübungspreis von 135 $ und 125 $:

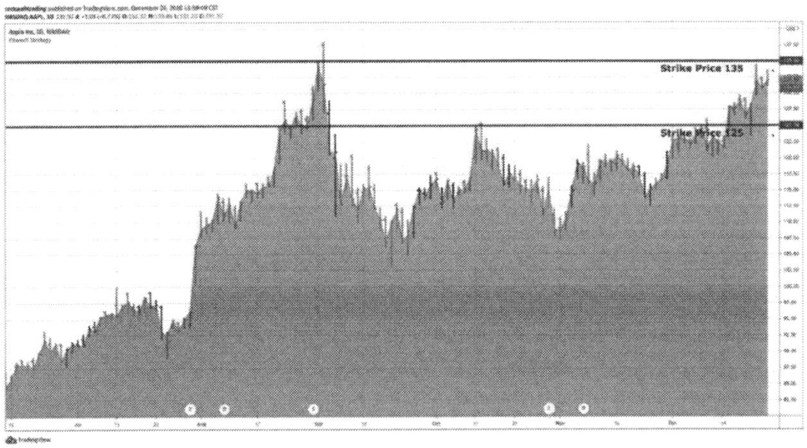

Beim Kauf von **<u>Call-Optionen</u>** können wir die Aktie zum Ausübungspreis **<u>kaufen</u>**.

Aber beim Kauf von **<u>Put-Optionen</u>** können wir eine Aktie zum Ausübungspreis **<u>verkaufen</u>**.
In diesem Fall ist der Ausübungspreis von 125 „aus dem Geld“ und hat keinen wirklichen Wert.
Das ist der Grund: Die Put-Option mit einem Ausübungspreis von 125 $ gibt uns das Recht, die Aktie bei 125 $ zu verkaufen. Aber wenn wir die Aktie direkt verkaufen würden, ohne eine Option zu verwenden, könnten wir sie jetzt für 132 $ verkaufen!

Nur um klarzustellen: Beim Kauf profitieren wir, wenn wir zu einem niedrigeren Preis kaufen und höher verkaufen können. Beim Verkauf profitieren wir, wenn wir zu einem höheren Preis verkaufen und niedriger kaufen können.

Auf der anderen Seite ist der Ausübungspreis von 135 $ jetzt „im Geld“, da wir die Aktie für 135 $ verkaufen und sie dann sofort zum Marktpreis von 132 $ zurückkaufen könnten.

Der reale Wert dieser Option ist also 135 $ - 132 $ = 3 $.

Der aktuelle Preis der Option beträgt jedoch 6,15 $.

Strike	Bid	Ask	Last
20d	Puts		
135	6.10	6.20	6.15
136	6.75	6.85	6.85
137	7.45	7.55	7.63
138	8.15	8.25	8.35
139	8.85	9.00	9.10

Der Zeitwert oder Prämie dieser Option ist also:

Marktpreis 6,15 $ - Realwert 3 $ = Zeitwert 3,15 $

Und es gilt das gleiche Prinzip: Dieser „Zeitwert“ wird jeden Tag sinken, während wir uns dem Verfallsdatum nähern, bis er nur noch ein paar Cent am Tag des Ablaufs beträgt.

Ich sage gerne: „Der Zeitwert schmilzt dahin wie ein Schneemann in Florida.“

Und das ist ein perfektes Beispiel, denn zunächst schmilzt er langsam dahin, und dann beschleunigt sich der Zeitwertverfall und er schmilzt schnell weg.

Ich habe das für Sie illustriert:

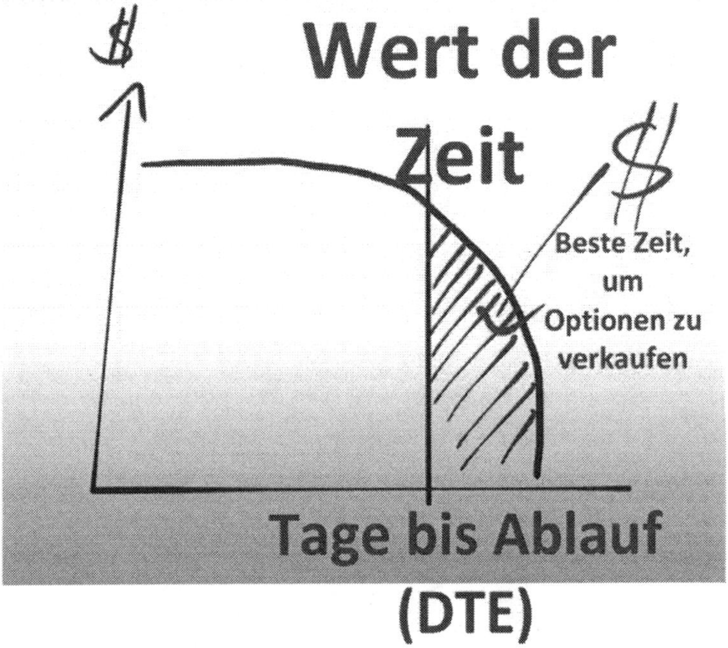

Die Illustration ist nicht besonders ausgefeilt, aber sie vermittelt das Konzept:

Wenn wir uns dem Verfallsdatum nähern, zeigt die gekrümmte Linie, wie der Zeitwert recht schnell abnimmt.

Und als Optionsverkäufer wollen wir, dass der Zeitwert schnell verschwindet.

Deshalb verkaufen wir beim Traden mit der „Wheel-Strategie" gerne Optionen mit einem Verfallsdatum von weniger als 14 Tagen.

Theta - Ihr bester Freund beim Handel mit der „Wheel-Strategie“

Erinnern Sie sich an meine „schicke“ Illustration im vorherigen Absatz?

Theta ist die Größe des Zeitwertverfalls eines Optionskontrakts, das heißt die Steigung meiner skizzierten Kurve.

Theta sagt Ihnen, wie stark der Zeitwertverfall pro Tag abnimmt, vorausgesetzt, alles andere bleibt gleich.

Lassen Sie mich Ihnen ein Beispiel geben.

Theta des 135-Calls mit 55 Tagen bis zum Ablauf beträgt 7.081 Cent pro Tag:

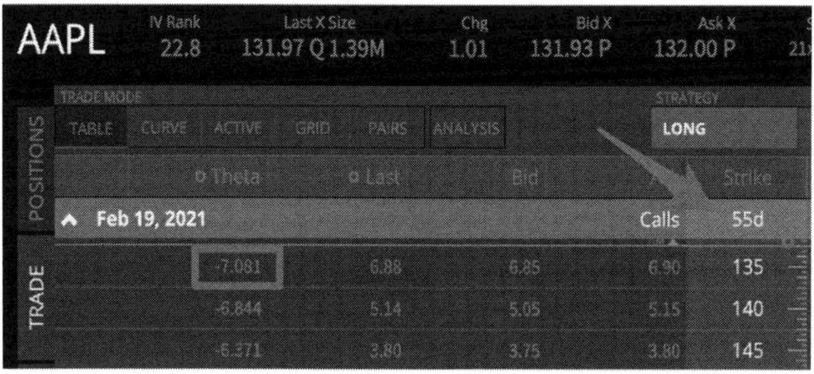

Theta des 135-Calls mit 20 Tagen bis zum Ablauf beträgt 9.675 Cents pro Tag:

Schließlich beträgt Theta des 135-Calls mit 5 Tagen bis zum Ablauf 11.462 Cent pro Tag:

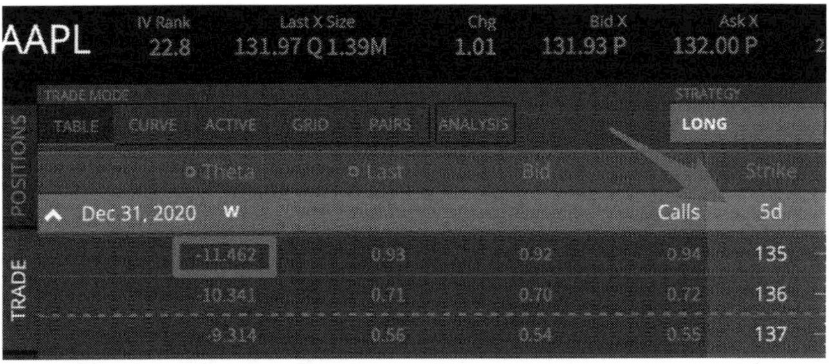

Hier ist eine Tabelle, die diese 3 Theta-Werte zusammenfasst:

Tage bis zum Ablauf	Theta in Cents / Tag
55	7.081
20	9.675
5	11.462

Wie Sie sehen können, je weniger Tage bis zum Ablauf, desto höher der Theta-Wert.

Wenn Sie Optionen kaufen, kann Ihnen der Zeitwertverfall das Leben schwer machen. Aber wenn Sie Optionen verkaufen, ist der Zeitwertverfall plötzlich Ihr bester Freund.

Beim Trading, ähnlich wie im Leben, gibt es keine Garantien ...

... mit Ausnahme des Zeitwertverfalls.

Der Zeitverlust ist garantiert, da der Zeitwert einer Option jeden Tag abnimmt.

Und wir nutzen DIES zu unserem Vorteil beim Handeln mit der „Wheel-Strategie“.

Jetzt wissen Sie, was „Theta“ ist und warum es Ihr bester Freund für die „Wheel-Strategie“ ist.

Werfen wir also als Nächstes einen Blick auf die Suche nach den besten Aktien für die „Wheel-Strategie“.

Kapitel 6

Die Strategie - Teil I: Geeignete Aktien finden

Da Sie jetzt eine solide Grundlage haben und wissen, wie Optionen funktionieren, sind wir nun bereit, die „Wheel-Strategie" anzugehen.

Der erste und wahrscheinlich wichtigste Teil ist zu wissen, welche Aktien und ETFs für diese Strategie zu verwenden sind - oder noch wichtiger, welche Aktien Sie NICHT mit der „Wheel-Strategie" handeln sollten.

5 Schritte, um die richtigen Aktien zu finden

Es ist absolut entscheidend für diese Strategie zu wissen, wie man die richtigen Aktien auswählt.

Für die „Wheel-Strategie" suchen wir Qualitätsunternehmen.

Und wenn es darum geht, die richtigen Aktien zu finden, wissen die meisten unerfahrenen Trader nicht, wie bzw. wo sie anfangen sollen zu suchen.

Ich werde Ihnen helfen, die Suche nach den richtigen Aktien einfach zu gestalten.

Ich zeige Ihnen Schritt für Schritt, wie Sie die besten Aktien und Optionen finden:

1. Finden Sie Aktien ohne Quartalszahlen vor dem Verfallsdatum.
2. Finden Sie Aktien mit hoher Volatilität.
3. Finden Sie Aktien, die sich in einem Aufwärts- bzw. Seitwärtstrend mit einem starken „support level" bewegen.
4. Überprüfen Sie den Wheel-Rechner.
5. Geben Sie die Order ein.

Schritt 1: Keine Quartalszahlen vor dem Verfallsdatum

Quartalszahlen können mit einer Aktie ein ziemliches Rodeo veranstalten.

Werfen Sie einen Blick auf das Chart unten.

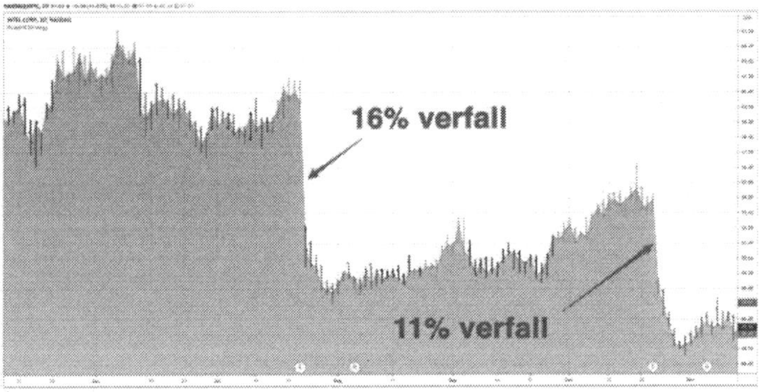

Dies ist Intel (INTC) - eines der berechenbarsten Unternehmen. Normalerweise bewegt sich INTC in einer Bandbreite von 1 bis 2 %. Aber während der letzten 2 Quartalsberichte waren die Bewegungen eher atypisch:

Erstens verlor INTC 16 % an einem einzigen Tag, und dann nur wenige Monate später - als die Aktie diese Verluste fast wieder aufgeholt hatte - veröffentlichte INTC den nächsten Quartalsbericht und fiel um 11 %!

Dies sind die Bewegungen, die Ihnen große Verluste verursachen können, wenn Sie die „Wheel-Strategie" handeln.

Vermeiden Sie so etwas um jeden Preis! Gehen Sie keinen Trade ein, wenn Quartalszahlen VOR Ablauf der Option veröffentlicht werden.

Schritt 2: Aktien mit hoher impliziter Volatilität (IV)

Der nächste Schritt ist die Suche nach Aktien mit hoher impliziter Volatilität (IV).

Dies ist wichtig, weil wir in Teil I der „Wheel-Strategie"" Puts verkaufen, um Prämien zu sammeln - eine hohe Volatilität (IV) bedeutet, dass es höhere Prämien geben wird. Ich suche gerne nach Trades, die mir eine ordentliche Prämie bezahlen, die ich Tag für Tag verbuchen kann.

Lassen Sie uns also die implizite Volatilität anschauen und wie man Aktien mit hoher IV findet.

Implizite Volatilität (IV)

Implizite Volatilität (IV), oder auch Volatilität oder kurz IV, ist das Maß, welche Volatilität für den zugrunde liegenden Vermögenswert vor Ablauf der Option erwartet wird.

Implizite Volatilität kann ein guter Maßstab sein, um festzustellen, ob Optionen teuer oder billig sind.

Eine Option mit hoher IV würde bedeuten, dass eine große Bewegung erwartet wird - aber wir wissen nicht, in welche Richtung. Höhere IV bedeutet eine höhere Prämie für die Option.

Ein gutes Beispiel für Optionen, die wahrscheinlich höhere IV haben, sind Optionen eines Unternehmens, das Quartalszahlen bekannt geben wird. Oft erwarten Händler eine große Bewegung, aber die Richtung der Bewegung ist ungewiss. Daher werden die Optionen höher bewertet, um diese Unsicherheit widerzuspiegeln, die als IV quantifiziert werden kann.

Ein weiteres Beispiel ist das Ergebnis einer klinischen Studie für eine pharmazeutische Aktie. Die Ergebnisse können gut oder schlecht ausfallen. Es ist fast sicher, dass diese Aktie einen großen Sprung machen wird, aber wir wissen noch nicht, in welche Richtung.

Wie finden Sie nun diese Aktien? - Es gibt 3 Möglichkeiten.

Hilfsmittel #1: BarChart.com Screener

Ein großartiges Tool ist die Website www.barchart.com.

BarCharts ist kostenlos und bietet einen Scanner an, der es ermöglicht, durch Filtereinstellungen nach bestimmten Aktien zu suchen.

Im Folgenden zeige ich Ihnen einen einfachen Filter, den Sie verwenden können, um Aktien mit hoher impliziter Volatilität zu finden, die wiederum großartige Kandidaten für die „Wheel-Strategie“ sein können.

1. Gehen Sie zu https://barchart.com
2. Klicken Sie auf OPTIONS, was Sie zum „options screener“ bringt
3. Klicken Sie auf SET FILTERS

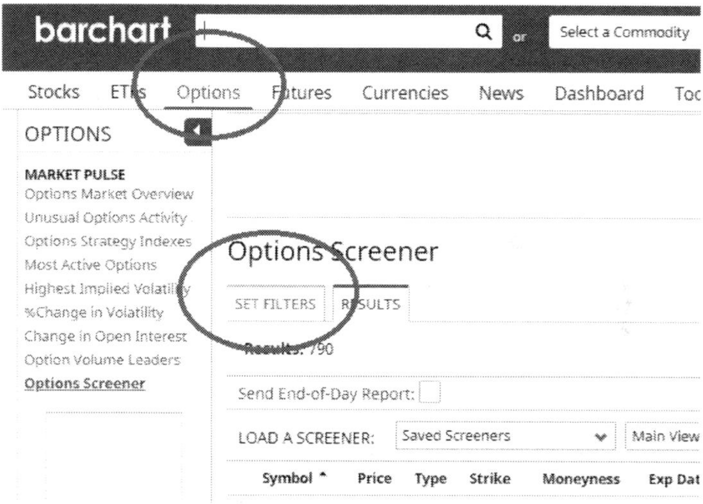

4. Wählen Sie die folgenden Filter aus:

- **Quartalszahlen (Earnings Date)**: Wie in einem früheren Kapitel erläutert, ist es wichtig, sicherzustellen, dass wir nicht traden, wenn Quartalszahlen veröffentlicht werden. Legen Sie daher die Termine für den Zeitrahmen fest, in dem Sie nach Aktien suchen, um Quartalszahlen zu vermeiden.

- **Handelsplatz (Exchange)**: Wählen Sie alle Börsenhandelsplätze (Exchanges) - AMEX, NYSE und NASDAQ.

- **Implizite Volatilität des Ausübungspreises (Strike Implied Volatility):** Ich wähle hier gerne den Bereich zwischen 30 und 50 %. Wenn sie über 50 % liegt, ist die Volatilität zu hoch, und Sie laufen Gefahr, dass eine Aktie hochschnellt oder stark abfällt. Unter 30 % sind die Prämien in der Regel zu niedrig.

- **Tage zum Verfallsdatum (Days To Expiration):** Ich wähle hier 7 bis 21 Tage.

- **Letzte Handelszeit (Last Trade Time):** Es gibt hier zwei Dropdown-Boxen. Ich habe die erste auf „made within last" und die zweite auf „2 Sitzungen" (2 Sessions) gesetzt.

- **Instrument (Security Type):** Ich wähle nur die Box für Aktien („Stocks") und lasse „ETF„ und „Index" aus.

- **Optionstyp (Option Type):** Ich wähle nur die Box für „Put" and lasse „Call" aus.

- **Volumen (Volume):** Ich belasse diesen Wert bei „0".

- **Offene Optionskontrakte (Open Interest):** Ich belasse auch diesen Wert bei „0".

- **Aktienpreis (Stock Price):** Ich setze diesen Wert zwischen 30 $ und 250 $.

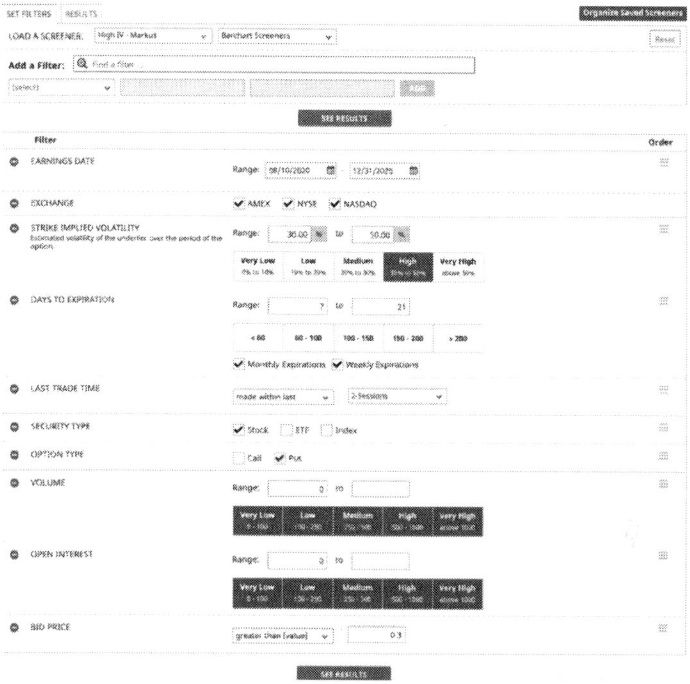

Nachdem Sie die Filter eingestellt haben, klicken Sie auf die Schaltfläche unten mit der Aufschrift „SEE RESULTS".

Auf der nächsten Seite werden alle Put-Optionen angezeigt, die Ihren Filterkriterien entsprechen.

Die Ergebnisse aus Ihrer gefilterten Suche werden in einer Liste dargestellt - ein Link mit dem Titel „Flipcharts" ermöglicht Ihnen die Ansicht der ersten 10 Charts, die nach Ihren Kriterien sortiert sind. Sie werden leicht in der Lage sein, von einem Chart zum nächsten zu klicken, um zu sehen, ob sich die Aktie in Ihre gewünschte Richtung bewegt.

Hilfsmittel #2: TradingView Screener

Ein weiteres Tool ist TradingView - derzeit meine Lieblings-Charting-Plattform. Diese Plattform ist vollständig webbasiert, und meiner Meinung nach besitzt diese zurzeit die besten Charting-Hilfsmittel.

Nach dem Öffnen von TradingView sehen Sie im oberen Bereich ein Fenster, in dem Sie ein Ticker-Symbol eingeben können.

In diesem Beispiel werfen wir einen Blick auf AAPL. Ich werde Ihnen Schritt für Schritt aufzeigen, wie Sie Ihren Aktien-Filter einstellen können, um Aktien für die „Wheel-Strategie" zu finden.

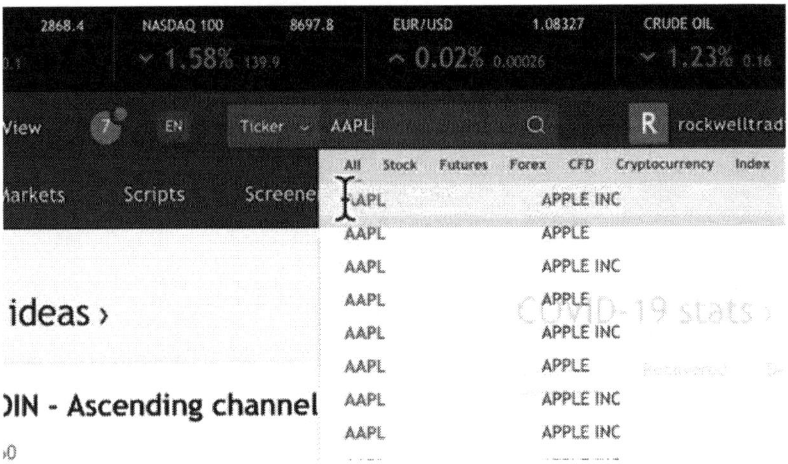

1. **Klicken Sie auf „Full Featured Charts“**

   Nachdem Sie die Aktie in der Suchleiste eingegeben haben, klicken Sie auf die Schaltfläche „Full Featured Charts“ oben rechts im Chart.

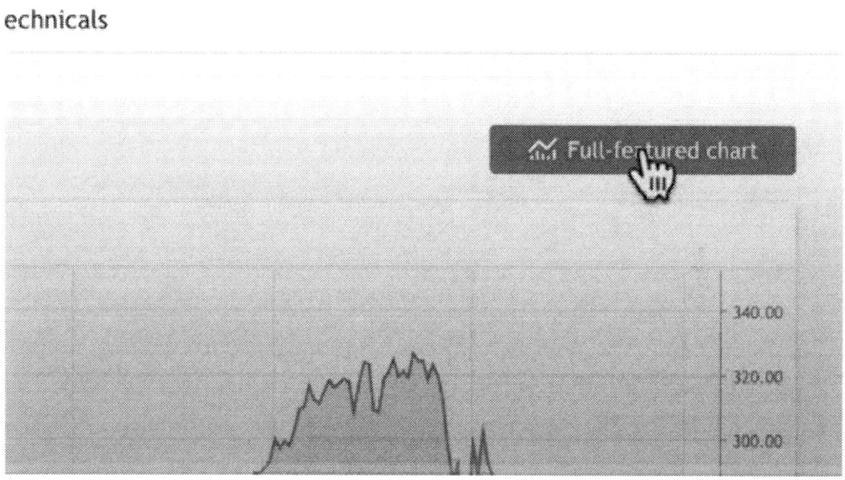

   Sobald Sie darauf klicken, bekommen Sie ein detailliertes Chart angezeigt. Sie werden „Stock Screener“ und „Text Notes“ am unteren Rand sehen.

2. **Aktien-Filter (Stock Screener):**

   Sie beginnen, indem Sie auf die Registerkarte „Stock Screener“ klicken, die sich unten links befindet; dies öffnet die Aktienansicht, und Sie werden vordefinierte Filter in einem Dropdown-Menü sehen, zum Beispiel Volumenänderung, Prozent-Änderungs-Gewinner, Prozent-Änderungs-Verlierer (Volume Gainers, Percent Change Gainers und Percent Change Losers).

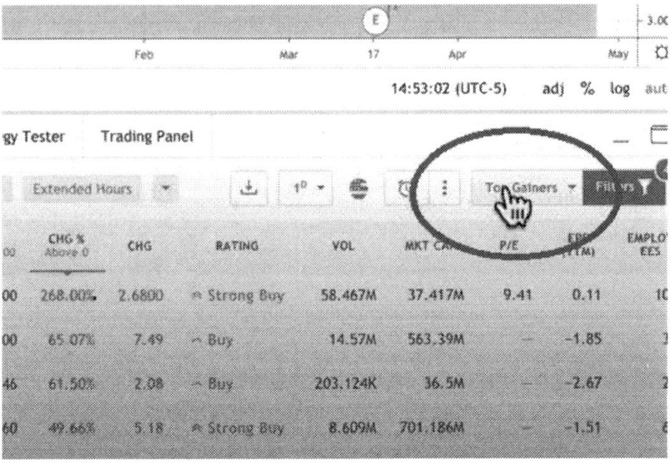

3. **Wählen Sie „Predefined List":**

   Um Ihren eigenen personalisierten Scanner zu konfigurieren, wählen Sie einfach eine der Vorgaben aus dem Dropdown-Menü, es spielt keine Rolle, welche, und ich werde Ihnen zeigen, wie man sie konfiguriert, um Aktien zu finden, die sich eignen, um Put-Optionen zu verkaufen.

4. **Filter anpassen:**

   Sobald Sie eine der vordefinierten Listen aus dem Dropdown-Menü ausgewählt haben, klicken Sie direkt daneben auf „Filter".

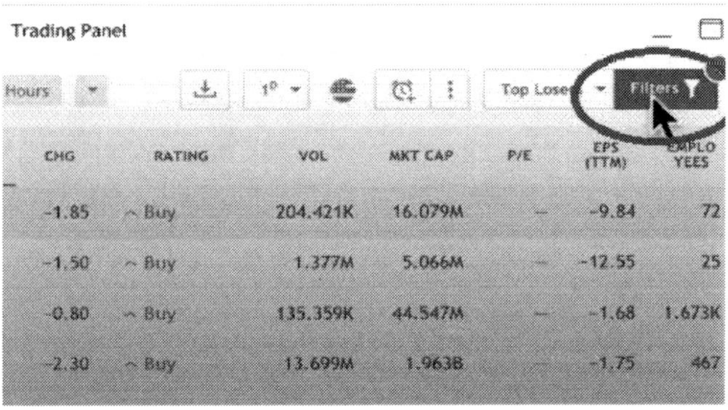

Jetzt können Sie die Kriterien wie bei BarCharts anpassen, um geeignete Aktien für die „Wheel-Strategie“ zu finden. Hier sind die 4 Filter, die ich gerne verwende:

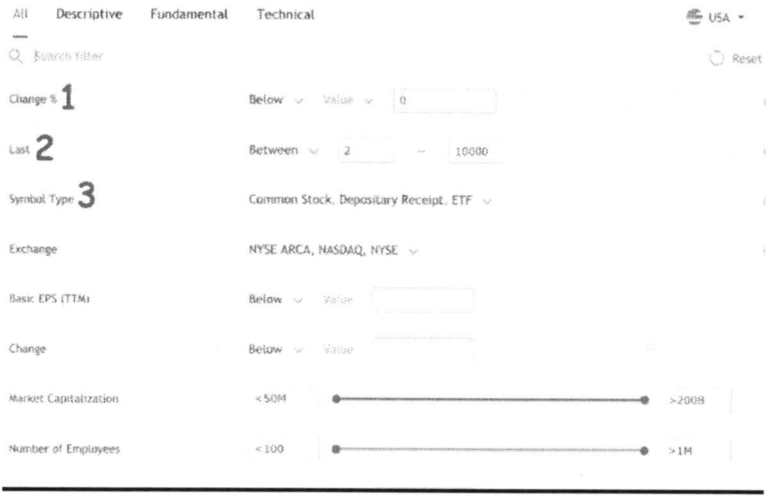

1. **Änderung % (Change %):** Das erste Kriterium, das Sie ändern können, ist „Änderung %“. Ich mag eine tägliche prozentuale Veränderung, bei der eine Aktie um mehr als 2 % gefallen ist, sodass Sie in diesem Feld „-2“ eingeben.

2. **Letzter Kurs (Last):** Das zweite Kriterium, das Sie ändern können, ist der „Letzte“ oder der letzte Preis. Ich persönlich wähle Aktien zwischen 30 und 250 $ - Sie können diesen $-Bereich nach Ihren persönlichen Vorlieben einstellen.

3. **Aktientyp (Symbol Type):** Der „Symboltyp“, das dritte Feld, ändere ich auf Stammaktien ab, also wähle ich das Kontrollkästchen für „Common Stock“ und lasse den Rest aus.

4. **Handelsvolumen (Volume):** Das vierte und letzte Kriterium, das ich ändere, ist das Filtervolumen. Ich passe diesen Filter für Aktien an, die mindestens eine Million Aktien pro Tag handeln.

Das sind die einzigen vier Dinge, die ich ändere. Sie müssen keine anderen Felder in diesem „Stock Screener“ einstellen.

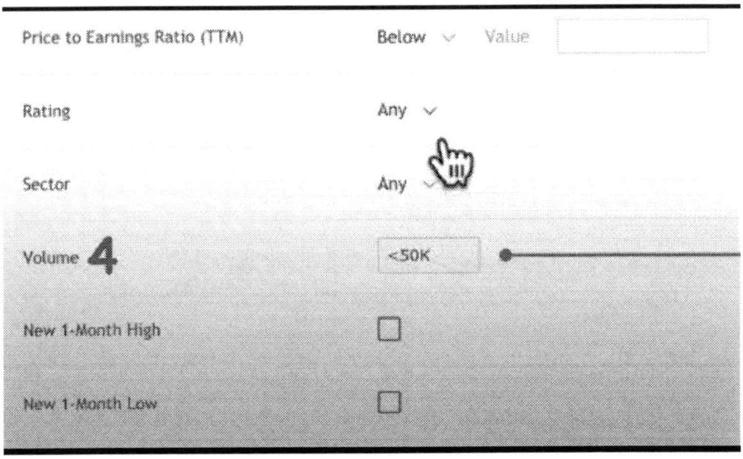

5. **Speichern der Einstellungen:**

   Nachdem Sie diese vier Änderungen vorgenommen haben, klicken Sie auf das „X“ oben rechts in diesem Fenster „Filter“, und Sie sehen eine Liste der Aktien, die die Kriterien im Dropdown-Menü erfüllen. Der vordefinierte Screener, den Sie jetzt geändert haben, hat ein Sternchen neben seinem Namen, was bedeutet, dass Sie Änderungen daran vorgenommen haben. Klicken Sie erneut auf dieses Dropdown-Menü, und Sie werden „Save Screens As …“ ganz oben sehen. Geben Sie diesem neuen, benutzerdefinierten „Stock Screener“ einen neuen Namen.

6. **Anpassen der Spalten:**

   Sie werden nun die Aktien sehen, die diese neuen Kriterien erfüllen. Diese können noch weiter vereinfacht werden. Es gibt zusätzliche Spalten mit Informationen, zum Beispiel Ticker, Last, Change % und viele weitere.

Ich persönlich benötige die meisten dieser Spalten nicht. Sie können Spalten entfernen, indem Sie mit der rechten Maustaste auf den Namen klicken und „Spalte entfernen“ auswählen. Ich persönlich konzentriere mich nur auf Ticker, Last, Change % und Sektor. Sie können diese Spalteneinstellungen genauso speichern, wie wir unsere Filtereinstellungen gespeichert haben.

Wenn Sie zu einem anderen Screener gehen, können Sie auf diese Weise die Spalteneinstellung auswählen und wiederverwenden.

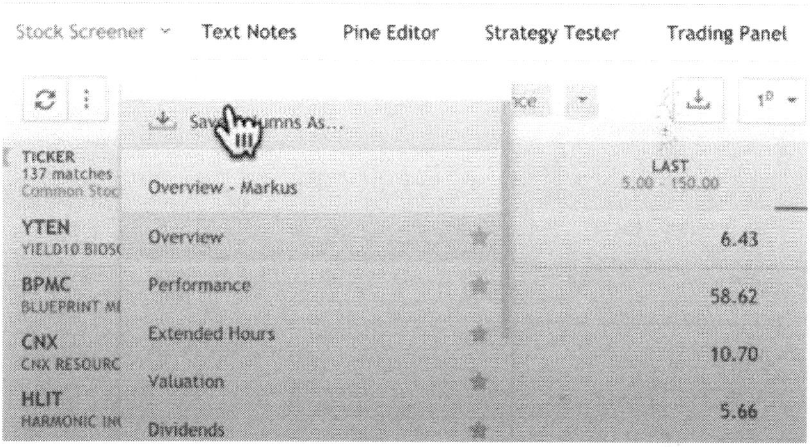

Sie speichern die Einstellungen, indem Sie auf das Dropdown-Menü direkt über der Aktienliste klicken und „Spalten speichern unter …“ auswählen. Benennen Sie sie, wie Sie wollen.

Hilfsmittel #3: PowerX Optimizer

Die oben genannten Tools sind kostenlos, aber sie haben ihre Grenzen: Wie Sie sehen können, sind sie nicht immer einfach einzurichten.

Und Sie werden feststellen, dass die Ergebnisse „okay“ sind. Diese Tools bieten mit ihrer begrenzten Funktionalität das Beste, was sie können.

Ich persönlich benutze den **PowerX Optimizer**.

Es ist ein Tool, das ich speziell für „The PowerX Strategy“ und die „Wheel-Strategie“ entwickelt habe.

Der PowerX Optimizer zeigt mir die besten Aktien und die dazuvongehörigen Erfolgswahrscheinlichkeiten.

Mehr über dieses Tool unter:

myTradingRoutine.com.

Auf dieser Webseite finden Sie ein Video, in dem ich Ihnen Schritt für Schritt zeige, wie ich dieses Tool jeden Tag benutze.

Nun, nachdem wir ein paar Beispiele von verschiedenen Stock Screenern und deren Einstellungen durchgegangen sind, lassen Sie uns nun besprechen, wie wir wichtige Unterstützungs- und Widerstandslevel (support and resistance levels) in den Charts finden und einzeichnen können.

Schritt 3: Aktien im Aufwärtstrend oder mit starker Unterstützung (support) finden

Um geeignete Aktien zu finden, stellen Sie sicher, dass sie entweder nach oben oder seitwärts tendieren, unterstützt vom starken „support level“. Aktien, die auf diese Weise im Trend liegen, sind ideal für die „Wheel-Strategie“”.

Die Schlüsselfrage: Wie genau finden Sie heraus, ob eine Aktie starke Unterstützung (support) hat?

Als Händler müssen Sie in der Lage sein, Unterstützung und Widerstands-Niveaus zu identifizieren (support/resistance levels). Ich sehe oft, dass Trader dazu neigen, die Identifizierung dieser Niveaus zu kompliziert zu gestalten. Im nächsten Abschnitt zeige ich Ihnen, wie ich schnell und einfach wichtige Unterstützungs- und Widerstands-Niveaus bestimmen kann.

Unterstützung und Widerstand (support/resistance)

Was genau sind also Unterstützungs- und Widerstands-Niveaus? Das sind Niveaus, die zu durchbrechen der Kurs einer Aktie, ETF etc. Schwierigkeiten hat. Eine Aktie kann bei Unterstützung und Widerstand pausieren oder sogar abprallen.

Unterstützung ist das Niveau unter dem Preis einer Aktie, der als „Boden“ wirkt; der Preis hat Probleme, dieses Niveau zu durchbrechen und sich darunter zu bewegen.

Widerstand ist das Niveau über dem Preis einer Aktie, der als „Obergrenze“ fungiert; der Preis hat Schwierigkeiten, diese Grenze zu durchbrechen und sich darüber zu bewegen. Wenn der Preis ein Widerstands-Niveau durchbricht, wird dieses Niveau oft zur Unterstützung. Auch das Gegenteil ist der Fall: Wenn der Preis durch ein Unterstützungs-Niveau bricht, wird dieses Niveau oft zu seiner neuen Widerstandslinie.

Es gibt zwei Arten von Unterstützung und Widerstand:

1. Statisch – in einem Chart kann es eine horizontale Linie oder eine Linie mit einem Winkel sein. Beispiele sind Fibonacci-Ebenen oder einfache Trendlinien.

2. Dynamisch - das sind Arten von Unterstützungs- und Widerstandslinien, die sich automatisch anpassen. Beispiele sind gleitende Durchschnitte oder Bollinger-Bänder (Moving Averages / Bollinger Bands).

Anwendung von TradingView zur Unterstützung und zum Widerstand

Ich bevorzuge TradingView als Chart-Software.

Natürlich können Sie auch die Plattform Ihres Brokers wie ThinkOrSwim von TD Ameritrade oder Street Smart Edge von Charles Schwab nutzen, wie auch viele andere.

Wenn Sie TradingView ausprobieren möchten, beachten Sie bitte, dass ich die „Pro-Version“ verwende:

https://www.rockwelltrading.com/tradingview
Sie können Unterstützungs- und Widerstands-Niveaus im Chart selbst als visuelle Referenz hinzufügen.

Um loszulegen, geben Sie einen beliebigen Aktienticker in die Suchleiste ein.

Im Folgenden werde ich TSLA als Beispiel verwenden, um Ihnen zu zeigen, wie das geht.

Statische Unterstützungs- und Widerstands-Niveaus finden

Werfen wir nun einen Blick darauf, wie wir Aktien mit einem allgemeinen Aufwärtstrend oder starker Unterstützung mit TradingView finden können.

Bei anderen Chartplattformen sind diese Schritte sehr ähnlich.

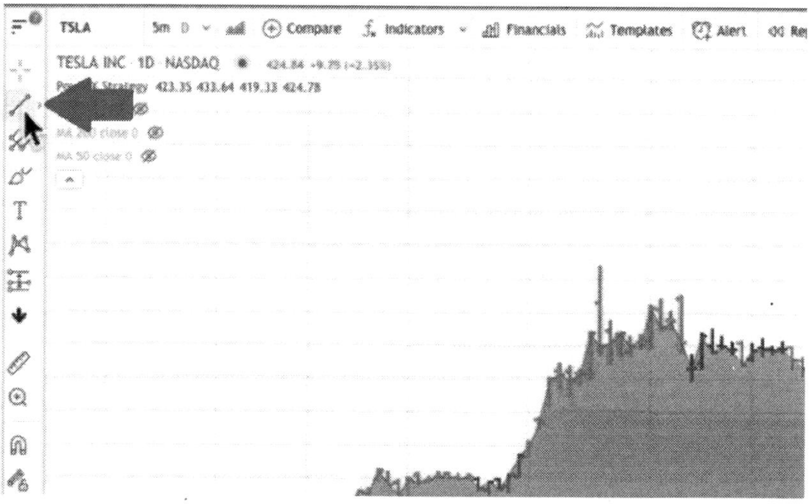

Um eine Linie für statische Unterstützung und Widerstand einem Chart hinzuzufügen, klicken Sie das Liniensymbol aus der Spalte links neben dem Diagramm.

Um eine Trendlinie zu zeichnen, klicken/halten Sie einfach die linke Maustaste im Diagramm, an der die Linie beginnen soll, ziehen die Maus an die Stelle, an der die Linie enden soll, und klicken dort.

Unterstützungslinien können entweder in einem Winkel oder horizontal sein.

Um eine Unterstützungslinie zu finden, verwenden Sie Stellen im Chart, an denen die Preise abgetaucht sind, und verbinden Sie diese mit einer Linie. Diese „Tiefpunkte“ fungieren als Berührungspunkte und je mehr Berührungspunkte vorhanden sind, desto besser.

Diese Linie stellt ein Unterstützungs-Niveau dar, bei dem die Preise „abprallen“ und dann wieder steigen. Das Unterstützungs-Niveau wirkt wie eine Barriere, bei der der Preis Schwierigkeiten hat, dieses Niveau (nach unten) zu durchbrechen.

Wie Sie in diesem TSLA-Chart sehen können, ist der Preis nicht unter diese Unterstützungslinie gefallen.

Das ist ein Zeichen starker Unterstützung.

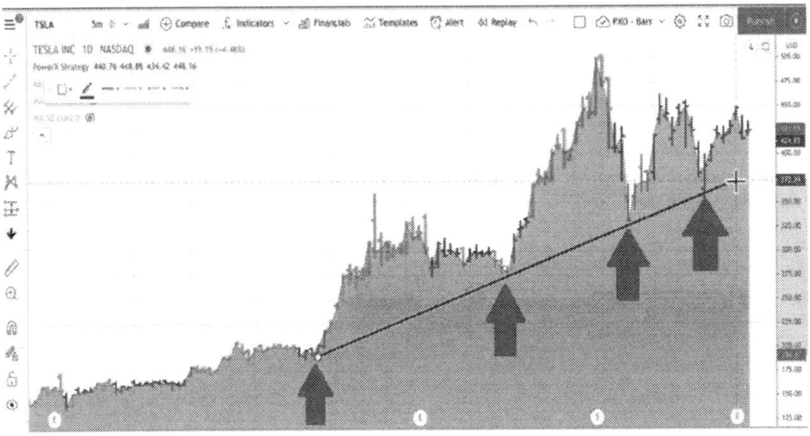

Sie finden einen Widerstand auf die gleiche Weise, aber statt eine Linie zu zeichnen, welche die Täler im Diagramm verbindet, zeichnen Sie eine Linie, die die Spitzen verbindet.

Diese Spitzen fungieren auch als Berührungspunkte und je mehr vorhanden sind, desto besser.

Diese Linie ist das Niveau, bei dem der Preis Schwierigkeiten hatte, dieses zu durchbrechen; sie zeigt den Widerstand an.

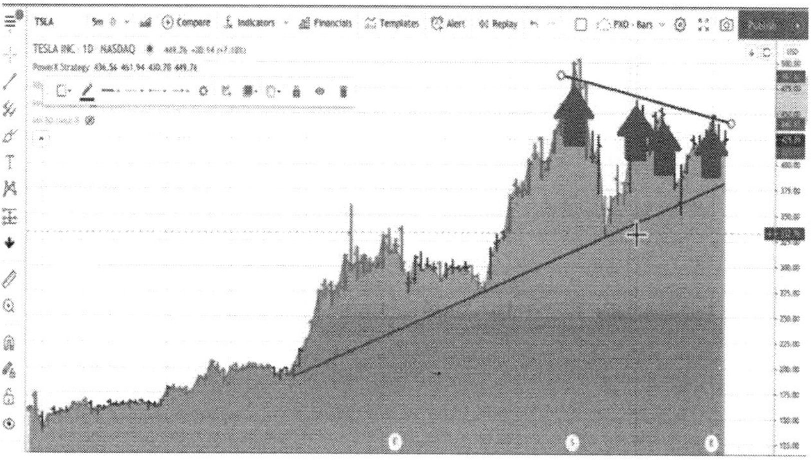

Wie findet man robuste statische Unterstützungs- und Widerstands-Niveaus?

- **Chart herauszoomen (größere Zeitachse wählen)**

- Sie sollten den Zeitrahmen nicht zu eng wählen, um starke Unterstützung oder Widerstand zu finden; manchmal müssen Sie sich mehrere Monate anschauen. Je weiter Sie herauszoomen, desto stärker ist die Unterstützung und der Widerstand.

- Konzentrieren Sie sich auf die „großen" Unterstützungs- und Widerstands-Niveaus.

- Machen Sie sich keine Sorgen über Unterstützung und Widerstand in 5-Minuten-Charts, es sei denn, Sie sind Daytrader. Konzentrieren Sie sich auf Unterstützung und Widerstand auf Tages- und Wochencharts.

- Je öfter das Niveau „berührt" wird, desto stärker ist die Unterstützung und/oder der Widerstand.

Hier ist ein Beispiel der WYNN-Aktie, die ich vor Kurzem platziert habe.

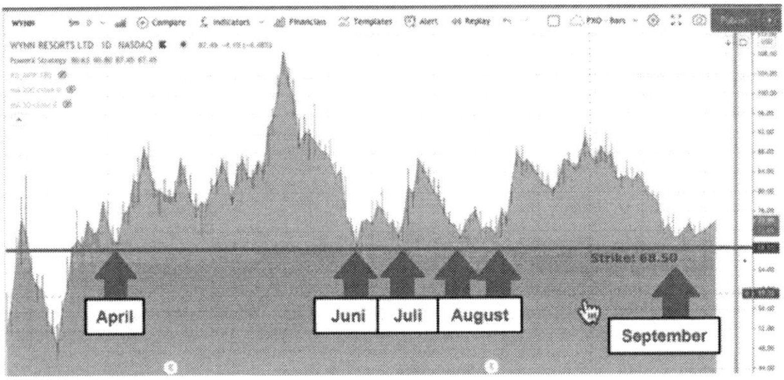

Wie aus dem Chart zu ersehen ist, liegt das Unterstützungs-Niveau bei 68,50 bis 69 $.

Die Preise berührten mehrmals dieses Niveau im April, Juni, Juli, August und September, bevor sie sich wieder nach oben bewegten.

Dies scheint ein starkes Unterstützungs-Niveau zu sein, weil die Unterstützung über einen Zeitraum von 5 Monaten gehalten wurde.

Bei einer kürzeren Zeitansicht hätte ich nur gesehen, wo der Preis die Unterstützungslinie im September oder vielleicht August berührt hat, und es wäre schwierig gewesen, diese starke Unterstützung zu erkennen.

Werfen wir einen Blick auf die Widerstandslinie für das gleiche Diagramm.

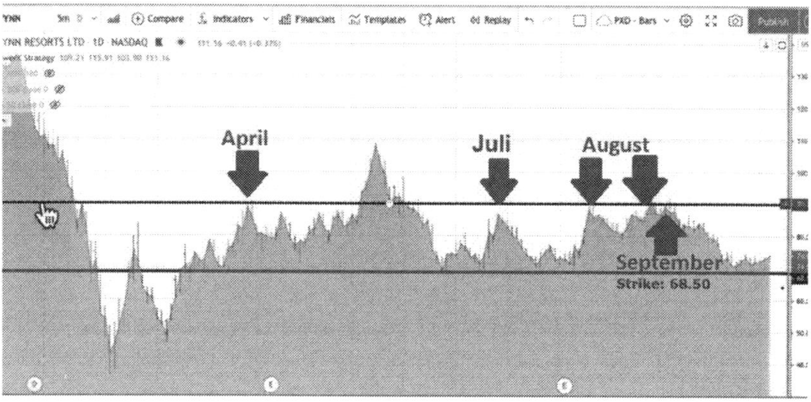

Es gab starken Widerstand bei der 90-$-Ebene. Der Preis prallte von diesem Niveau im April, Juli, August und September ab und konnte dieses Niveau nicht durchbrechen.

Aus der Grafik ist ersichtlich, dass sich der Aktienpreis von WYNN über einen Zeitraum von 5 Monaten in einer Bandbreite von 68.50 $ (Unterstützung) und 90 $ (Widerstand) hin und her bewegte.

Ich benutze das Unterstützungs-Niveau, um zu bestimmen, zu welchem Ausübungspreis ich Put-Optionen verkaufen muss, wenn ich mit der „Wheel-Strategie" handele.

Wenn das Diagramm eine starke Unterstützung aufzeigt, werde ich erwägen, Put-Optionen mit einem Ausübungspreis nahe bei oder unter dieser Unterstützungslinie zu verkaufen.

Dynamische Unterstützungs- und Widerstands-Niveaus finden

„Dynamische Unterstützungs- und Widerstandslinien" sind ein ausgefallener Name für gleitende Mittelwerte.

Die bekanntesten gleitenden Mittelwerte, die die meisten professionellen Hedge-Fonds-Manager verwenden, sind 50-, 100-

und 200-Tage-SMAs („single moving averages“ = einfache gleitende Mittelwerte). Das sind die wichtigsten dynamischen Stütz- und Widerstandslinien.

Was macht sie „dynamisch“? Werfen Sie einen Blick auf dieses Diagramm des NASDAQ-Index:

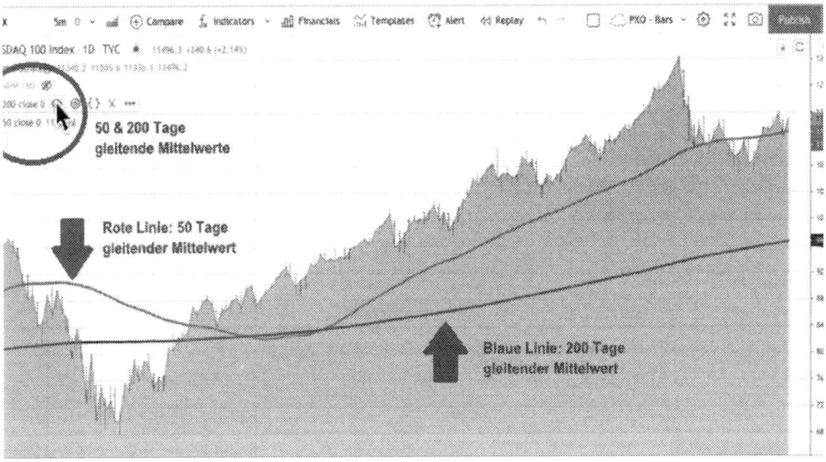

In diesem Diagramm stellt die rote Linie den gleitenden Mittelwert von 50 Tagen dar (MA 50), während die blaue Linie den gleitenden Mittelwert von 200 Tagen (MA 200) darstellt.

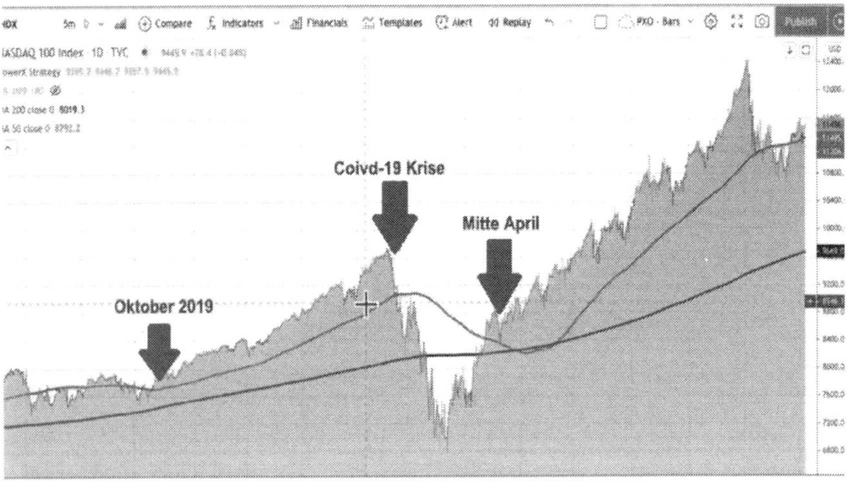

Sie können sehen, dass der 50-Tage-gleitender Mittelwert seit Oktober 2019 als Unterstützung fungiert hat.

Sie können dann einen steilen Einbruch sehen, wo Covid-19 als Pandemie deklariert wurde; aber seit Mitte April kam der 50-Tage-gleitender Mittelwert wieder als Stütze zurück.

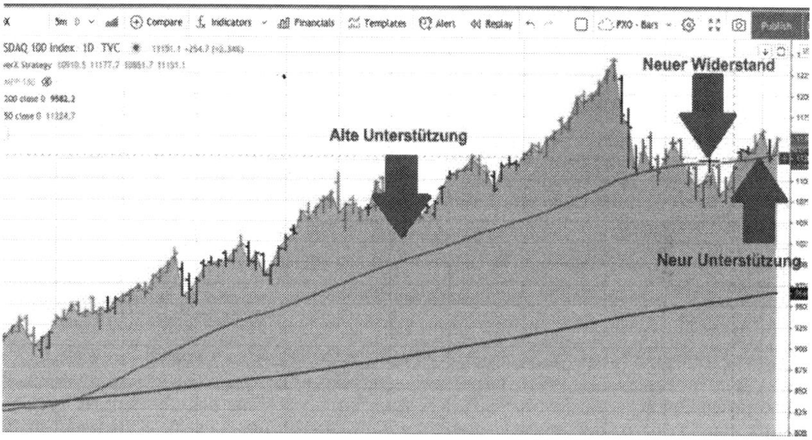

Immer wenn ein Aktienkurs einen gleitenden Mittelwert durchbricht, wird der vorherige 50-gleitende Mittelwert zu einem neuen Widerstand.

Und dann, wenn der Preis diesen neuen Widerstand durchbricht, wird er zum neuen Unterstützungs-Niveau.

Hinweis: Der gleitende Durchschnitt von 200 Tagen ist wichtiger, wenn man sich längerfristige Trends ansieht.

Dynamische Support-Linien haben jedoch ihre Grenzen.

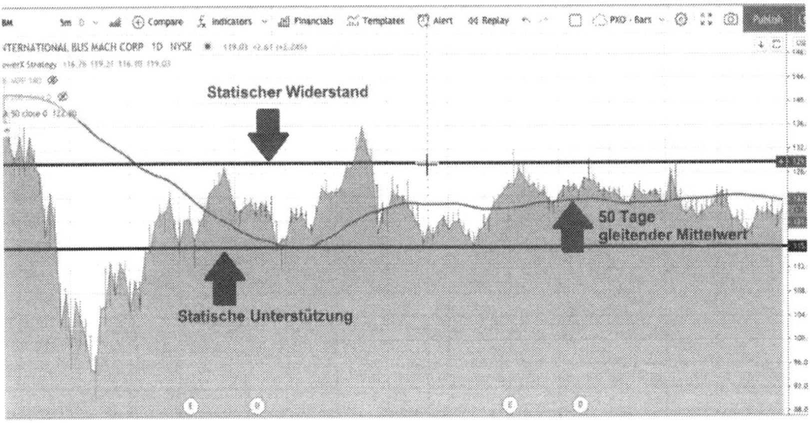

Wie Sie in diesem Chart von IBM bemerken, zeigt der 50-Tage-gleitende Mittelwert keine robusten Unterstützungs- und Widerstands-Niveaus.

Aber wenn Sie statische Niveaus verwenden - wie im vorherigen Kapitel beschrieben - ist es ziemlich einfach, Unterstützung und Widerstand zu finden.

Und oft sind statische Unterstützungs- und Widerstands-Niveaus aussagekräftiger als dynamische.

Deshalb ziehe ich es vor, meine eigenen Unterstützungs- und Widerstandslinien zu zeichnen, wie im vorherigen Kapitel beschrieben.

Es gibt eine Vielzahl von automatisierten Lösungen in Form von Indikatoren, die Ihnen die technische Analyse erleichtern und somit Unterstützung/Widerstand aufzeigen können.

Schritt 4: Den „Wheel-Rechner" checken

Das Geheimnis des erfolgreichen Handelns ist es, sehr wählerisch zu sein und sicherzustellen, dass Sie nur die besten Trades eingehen.

Ich würde NIE eine „Wheel-Order" eingeben, ohne sie mit meinem „Wheel-Rechner" vorher geprüft zu haben.

Ohne mit den richtigen Hilfsmitteln handeln ist wie der Versuch, in der Formel-1 mit einem Lama zu konkurrieren. Nichts gegen das Lama, aber Sie hätten keine Chance.

Sie handeln gegen einige der klügsten Köpfe der Welt. Und wenn Sie antreten und gewinnen wollen, müssen Sie mit den besten Hilfsmitteln bewaffnet sein, um Ihnen einen Vorteil zu verschaffen. Ohne die richtigen Hilfsmittel ist es wie mit einem Messer gegen einen Schützen zu kämpfen.

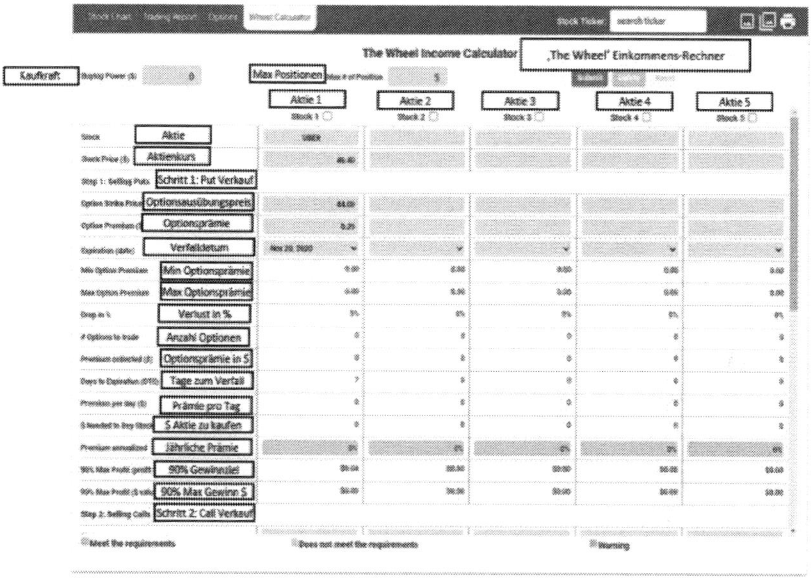

Der „Wheel-Rechner" ist ein Hilfsmittel, das mein Chef-Trainer Mark Hodge und ich entwickelt haben, und es ist jetzt in unserer rechtlich geschützten Handelssoftware, **The PowerX Optimizer**, integriert.

Wir haben sie entwickelt, um Ihnen schnell aufzuzeigen, ob eine Option die Anforderungen erfüllt, die ich suche, um die „Wheel-Strategie" zu handeln.

Der Optimizer ist sehr einfach zu bedienen, und er macht alle Berechnungen für Sie. Dies wird Ihnen nicht nur Zeit, sondern auch Geld sparen, da er Sie davon abhält, kostspielige Fehler zu machen.

Alles, was Sie tun müssen, sind die erforderlichen Informationen für die Option einzugeben, und der „Wheel-Rechner" erledigt den Rest.

Sie beginnen, indem Sie Ihre Kaufkraft und die maximale Anzahl von Positionen, die Sie eingehen möchten, angeben. Ich mag es, 5 Positionen gleichzeitig zu verwalten.

Danach hilft der Rechner in zwei Phasen: Die erste wird verwendet, wenn Sie Puts verkaufen, und die zweite hilft, wenn Sie Calls verkaufen.

Beginnen wir mit dem Verkauf von Puts:

Wenn Sie eine Aktie finden, die Sie interessiert, und Sie herausgefunden haben, zu welchem Preis Sie bereit wären, sie zu besitzen, geben Sie die folgenden Daten in den Rechner ein:

- Aktien-Identifikationsnummer (Stock-Ticker-Symbol)
- Aktueller Aktienkurs (Current Stock Price)
- Optionsausübungspreise (Option Strike Price)
- Optionspreis (Option Premium)
- Verfallsdatum (Expiration Date)

Der „Wheel-Rechner" wird die Zahlen verarbeiten, und Sie werden in der Lage sein zu entscheiden, ob der Verkauf von Puts zu diesem Ausübungspreis unseren Anforderungen entspricht. Sie können dann entscheiden, ob der Handel sinnvoll ist, ob Sie einen anderen

Ausübungspreis (basierend auf den Ergebnissen) verkaufen oder einfach diesen Handel ganz vermeiden sollten.

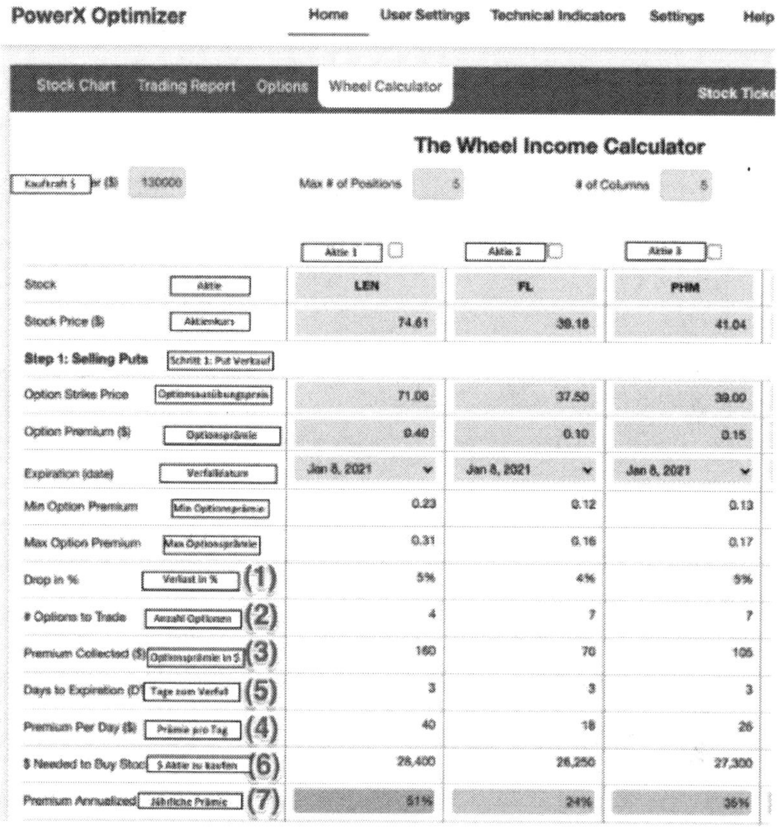

Wenn man sich einen Ausübungspreis ansieht, zeigt Ihnen der „Wheel- Rechner" genau, um welchen Prozentsatz eine Aktie fallen kann (1), bevor der Put „ins Geld" (ITM) geht und möglicherweise zugewiesen wird (Assignment).

Der „Wheel-Rechner" zeigt Ihnen deutlich:

> (2) Wie viele Puts Sie basierend auf Ihrer Kaufkraft verkaufen können.

(3) Wie viel Prämie Sie pro Vertrag bekommen.

(4) Die Prämie, die Sie pro Tag für jeden Optionsvertrag bekommen, macht es einfacher sicherzustellen, dass Sie für jede Position genug Prämie pro Tag (PPT) verdienen.

(5) Die Anzahl der Tage bis zum Verfallsdatum.

(6) Und der Gesamtbetrag, den die Aktien kosten, sollten Sie zugeteilt werden. Auf diese Weise überziehen Sie Ihr Konto nicht.

Die Zelle für umgerechnete Jahresrendite (7) in der Tabelle wird sogar in Grün, Gelb oder Rot hervorgehoben, sodass es leicht zu sehen ist, wie sich diese Prämie verhält.

- Grün gibt an, dass der Verkauf der Put-Option unseren Anforderungen entsprechen würde,
- Rot bedeutet, dass dies nicht der Fall wäre, das heißt, die Prämie ist nicht hoch genug (entspricht nicht den Anforderungen), und
- Gelb zeigt eine Warnung an, dass die Prämie ungewöhnlich hoch ist.

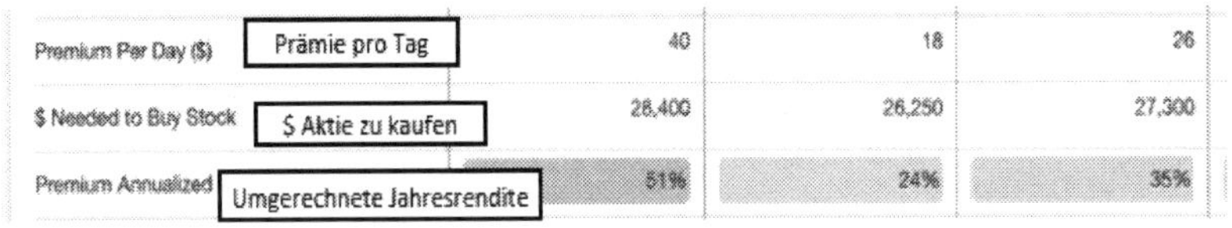

Wenn Sie eine gelbe Warnung sehen, ist es oft ein Zeichen, dass Sie etwas übersehen haben, zum Beispiel den Handel vor den Quartalszahlen oder der Ausübungspreis ist zu nah am aktuellen Kurs.

Eine „Warnung“ bedeutet nicht, dass Sie den Handel nicht eingehen sollten. Es bedeutet nur, dass Sie alles noch mal überprüfen sollten, um sicherzustellen, dass Sie nichts übersehen haben.

Der „Wheel-Rechner“ hilft auch, wenn Ihnen Aktien zugewiesen wurden und Sie bereit sind, Call-Optionen gegen diese Aktien zu verkaufen.

Ich werde den Verkauf von Calls in Kapitel 8 behandeln, aber wenn Sie an den Punkt kommen, wenn Sie Calls verkaufen, müssen Sie nur ...

1. den Aktienticker eingeben (Stock-Ticker-Symbol)
2. den Kaufpreis der Aktie (Stock/Exercise Price)
3. die Anzahl der Aktien, die Sie besitzen (Number of Assigned Shares)
4. den Ausübungspreis der Cal- Option (Call Option Strike Price)
5. die Prämie, die Sie pro Aktie bekommen (Collected Premium)
6. das Verfallsdatum der Call-Option (Expiration of Call Option)

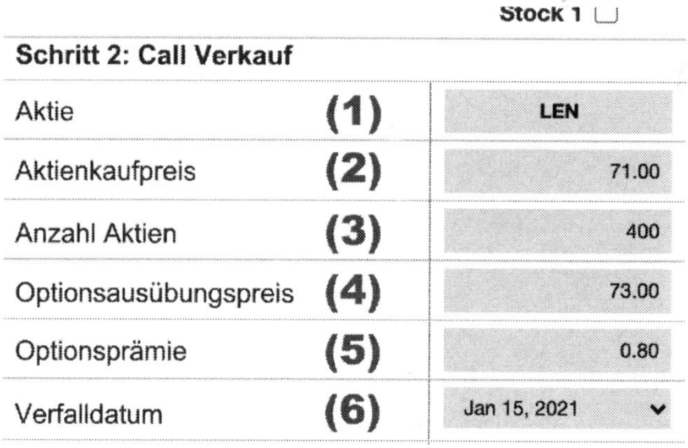

		Stock 1
Schritt 2: Call Verkauf		
Aktie	**(1)**	LEN
Aktienkaufpreis	**(2)**	71.00
Anzahl Aktien	**(3)**	400
Optionsausübungspreis	**(4)**	73.00
Optionsprämie	**(5)**	0.80
Verfalldatum	**(6)**	Jan 15, 2021

Der Rechner zeigt Ihnen:

7. Welchen Prozentsatz der Aktienkurs fallen kann, um den Ausübungspreis zu erreichen,

8. die Anzahl der gehandelten Optionen,
9. den Gesamtbetrag der eingezogenen Prämie,
10. die Tage bis zum Ablauf (DTE),
11. wie viel Prämie pro Tag anfällt,
12. den Positionswert und
13. die umgerechnete Jahresrendite der Optionsprämie.

Verlust in %	(7)	3%
Anzahl Optionen	(8)	4
Optionsprämie in $	(9)	320
Tagé zum Verfall	(10)	10
Prämie pro Tag	(11)	29
$ Aktie zu kaufen	(12)	28,400
Umgerechnete Jahresrendite	(13)	37%

Wenn die Option ausgeübt wird, wird der Rechner Ihnen auch zeigen:

14. Wie hoch der Gewinn aus dem Verkauf dieser Aktien wäre,
15. den prozentualen Anteil der Aktiengewinne über die Haltedauer hinweg und
16. den Gesamtgewinn sowohl aus dem Aktienkursgewinn als auch von der Option.

So sieht es im „Wheel-Rechner“ aus:

Aktiengewinn falls Ausgeübt	(14)	800.00
Aktiengewinn während der Halteperiode	(15)	3%
Totalgewinn (Aktien und Optionen	(16)	**$1,120.00**

Sie können bereits sehen, dass der „Wheel-Rechner“ ein unschätzbares Hilfsmittel ist. Indem wir ihn die Berechnungen für uns machen lassen und uns die Informationen klar präsentieren, sparen wir Zeit, vermeiden kostspielige Fehler und vielleicht auch ein paar Kopfschmerzen.

Okay, da Sie jetzt wissen, wie Sie eine Aktie finden, die unsere Kriterien erfüllt und durch unseren „Wheel-Rechner“ berechnet wurde, ist es jetzt an der Zeit, den Handel tatsächlich einzugehen.

In den nächsten 3 Kapiteln werde ich auf diese drei Schritte der „Wheel- Strategie“ genauer eingehen:

1. Verkauf von Puts
2. Zuteilung
3. Verkauf von Calls

Kapitel 7

Die Strategie – Teil II: Verkauf von Puts

Es gibt zwei weitere Dinge, die ich ansprechen muss, bevor Sie mit dem Handel mit der „Wheel-Strategie“ beginnen können.

Kapitalanforderungen

Beim Handel mit der „Wheel-Strategie“ kann es passieren (und ist oft wünschenswert), dass Aktie(n) zugeteilt werden, sollte(n) die Aktie(n) unter Ihrem Put-Ausübungspreis schließen.

Wir werden im nächsten Kapitel ausführlicher über die Zuteilung sprechen, aber es ist wichtig, sie jetzt schon einmal anzusprechen.

Wie im vorherigen Kapitel erklärt, müssen Sie sich vor dem Verkauf von Puts zuerst eine Aktie aussuchen, die Sie gerne zum Ausübungspreis, den Sie verkauft haben, besitzen würden.

Deshalb brauchen Sie genügend Kaufkraft in Ihrem Konto, falls die Aktie Ihnen zugeteilt wird.

Der Betrag, den Sie benötigen, hängt von Ihren persönlichen Zielen ab, aber als allgemeine Richtlinie empfehle ich für diese Strategie, mindestens 20.000 $ Kaufkraft in Ihrem Handelskonto zu haben.

Wenn Sie ein „Margin-Konto" verwenden, bedeutet dies, dass Sie 10.000 $ in bar auf das Konto einzahlen müssen.

Gedeckte „Cash Secured" im Gegensatz zu ungedeckten Puts

Schritt 1 der „Wheel-Strategie" ist der Verkauf von Puts.

Es gibt zwei Möglichkeiten, Puts zu verkaufen: durch Bargeld gesichert (cash secured) oder ungesichert („nackt" oder „naked").

Dies bedeutet:

Angenommen, Sie möchten Puts auf Lennar (LEN) mit einem Ausübungspreis von 71 $ verkaufen:

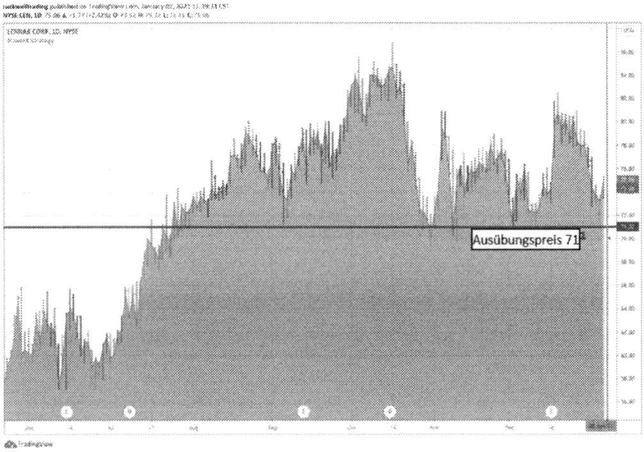

Wenn LEN am Verfallsdatum unter 71 $ gehandelt wird, bekommen Sie die Aktien zugeteilt, und Sie müssen 100 LEN-Aktien für jede Option kaufen, die Sie zu 71 $ verkauft haben.

Wenn Sie eine Option verkauft haben, müssten Sie 100 Aktien zu 71 $ kaufen, daher benötigen Sie 7.100 $ auf Ihrem Konto, um dies zu tun.

Nehmen wir an, Sie haben 10.000 $ auf Ihrem Handelskonto.

Wenn der Handel „durch Bargeld gesichert" ist, bedeutet dies, dass Ihr Broker den vollen Betrag von 7.100 $ benötigt, der erforderlich wäre, um 100 Aktien zum Ausübungspreis zu kaufen (71 $).

Aber hier ist der Clou:

Die meisten Broker verlangen nicht die vollen 7.100 $ für den Verkauf der Put-Option.

Tastyworks, der Broker, den ich verwende, verlangt nur 1.050,25 $!

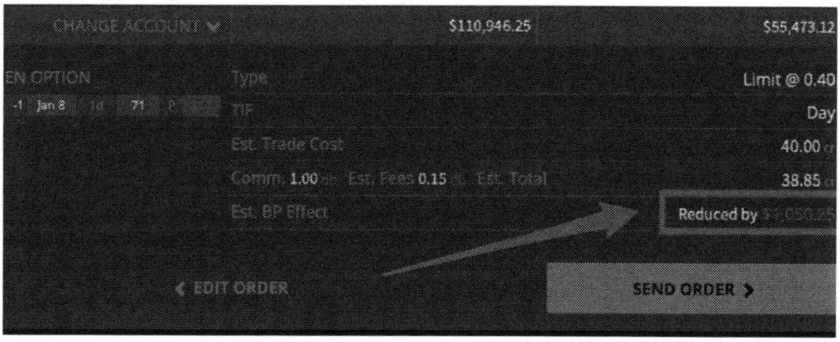

Das bedeutet, dass Sie tatsächlich 9 Put-Optionen verkaufen könnten. Für diese 9 Optionen würde der Broker 9.452,25 $ benötigen.

Und da Sie 10.000 $ auf Ihrem Handelskonto haben, könnten Sie das 9-fache der Prämie sammeln, oder?

Falsch!

Denn wenn die Aktien zugeteilt würden, benötigten Sie 7.100 $ für jede Option, die Sie verkauft haben, d. h. 7.100 $ * 9 = 63.900 $.

Und da Sie nicht genug Geld auf Ihrem Konto haben, würden Sie einen gefürchteten „Margin-Call" (Margenausgleich) von Ihrem Broker für über 53.900 $ erhalten!

Ein Margin-Call tritt ein, wenn Sie nicht genug Geld auf Ihrem Konto haben, um die von Ihrem Broker festgelegten Kontoanforderungen zu erfüllen. Das bedeutet, dass Ihr Broker Sie auffordert, dass Sie das Geld sofort nachschießen, in diesem Fall 53.900 $. Und in der Regel müssen Sie das noch am selben Tag tun.

Wenn Sie das Geld nicht aufbringen können, wird Ihr Broker die Aktien am nächsten Tag sofort zum Marktpreis verkaufen. Und das bedeutet, dass Sie die Kontrolle über diesen Handel verlieren!

So werden Sie „mit heruntergelassenere Hose" erwischt, und deshalb werden diese Optionen auch „nackte Puts" genannt.

Wenn Sie einen „nackten" Put verkaufen, setzen Sie nur einen Bruchteil des Handelswertes als Sicherheit ein. Aber Sie können in Schwierigkeiten geraten, wenn Sie Aktien auf diese Weise zugeteilt bekommen. Daher begrenze ich meine Trades auf meine Kaufkraft.

Also, warum würde der Broker nur 1.050,25 $ als Sicherheit von Ihnen verlangen und den Verkauf von Puts zulassen, wenn die Aktien 7.100 $ kosten würden?

Er tut dies aus zwei Gründen.

- Grund Nummer 1: Die meisten Optionen verfallen wertlos.

- Grund Nummer 2: Auch wenn sie nicht wertlos verfallen, kaufen die meisten Händler die Option zurück, sodass sie das Geschäft beenden, bevor die Option abläuft. Und der Makler weiß das.

Aus diesem Grund benötigen sie oft nur 15 % - 20 % der vollen Marge. Und das ist in Ordnung, wenn Sie von vornherein planen, den Handel vor Ablauf zu schließen.

Wenn Sie jedoch die „Wheel-Strategie" handeln, möchten Sie eigentlich die Aktien zugeteilt bekommen. Es ist ein Teil der Strategie!

Denken Sie daran, wenn Sie keine Aktien zugewiesen bekommen, nehmen wir Put-Prämien ein. Wenn wir Aktien zugeteilt bekommen, verkaufen wir Call-Optionen gegen unsere Aktien und nehmen sogar MEHR an Prämien ein.

Also, wenn Sie die „Wheel-Strategie" verfolgen, stellen Sie immer sicher, dass Sie genug Liquidität haben, um den vollen Barwert der Position abzudecken, und verlassen Sie sich nie nur auf „nackte Puts"!

Puts auf LEN verkaufen

Nun, da Sie den Unterschied zwischen Cash-gedeckten Puts und ungedeckten Puts verstehen, schauen wir uns ein aktuelles Beispiel an, bei dem ich zeige, warum der gedeckte Put der einzige Weg ist.

In diesem Beispiel habe ich mit Optionen auf Lennar gehandelt (LEN):

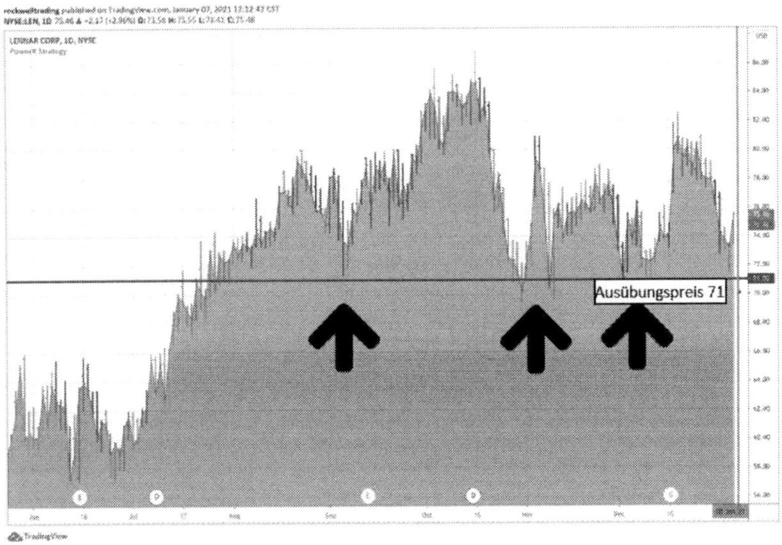

Ich sah starke Unterstützung bei 71 $ im Chart. Dieses Unterstützungs-Niveau wurde mehrmals berührt, und es hielt jedes Mal.

Also beschloss ich, Puts mit einem Ausübungspreis zu 71 $ zu verkaufen.

Ich war in der Lage, 4 Puts zu je 0,42 $ pro Option zu verkaufen mit einer Ablaufzeit von 4 Tagen.

Für diese 4 Puts erhielt ich 42 $ * 4 = 168 $ an Prämien.

Ein paar Tage später, am Verfalltag, schloss LEN über 71 $, und ich konnte die gesamte Prämie von 168 $ behalten.

Jetzt ist dieser Optionsvertrag abgeschlossen, und der Broker gibt die Marge frei, sodass ich den nächsten Trade durchführen kann.

Das war einfach!

Aber lassen Sie mich Ihnen ein weiteres Beispiel zeigen, in dem mir Aktien zugeteilt wurden.

Verkauf von UBER-Puts – und Zuteilung

Im Sommer 2020 zeigte UBER Unterstützung bei 30 $:

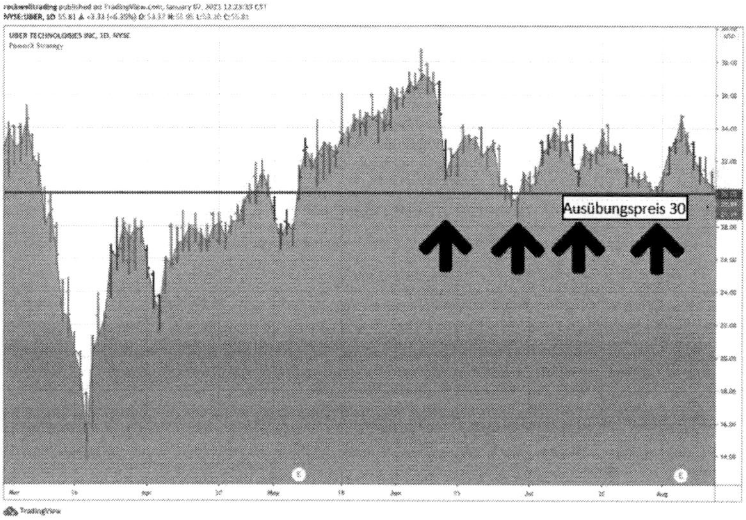

Daher verkaufte ich am 7. August Puts mit einem Ausübungspreis von 30 $.

Diese Optionen verfielen am 14. August, sodass ich nur 7 Tage bis zum Ablauf hatte.

Ich konnte 0,25 $ an Prämie für jede Option bekommen, und ich beschloss, 7 Puts zu verkaufen. Die gesamte Prämie, die ich dadurch erhalten habe, war also 175 $.

Sollte UBER am 14. August (Ablauftag) über 30 $ schließen, dann würde ich einfach die 175 $ Prämie behalten und zum nächsten Trade übergehen.

Doch UBER hatte andere Pläne: Am 14. August schloss UBER bei 29,99 $, und ich bekam die Aktien zugeteilt. Jetzt war ich stolzer Besitzer von 700 UBER-Aktien.

Kapitel 8

Die Strategie – Teil III: Verkauf von Calls

Wenn Sie die richtigen Aktien und die richtigen Ausübungspreise auswählen, kommt es nur selten zu einer Zuteilung.

Aber Sie sollten keine Angst davor haben, Aktien zugeteilt zu bekommen, weil es Teil der „Wheel-Strategie“ ist. Wenn man Aktien zugeteilt bekommt, rollt das „Rad“.

In diesem Kapitel erfahren Sie, was zu tun ist, falls Sie Aktien zugeteilt bekommen haben.

Gedeckte im Gegensatz zu ungedeckten Calls

Wenn Sie eine Call-Option verkaufen, ohne 100 Aktien pro Option zu besitzen, dann verkaufen Sie einen ungedeckten („nackten“) Call.

Wenn Sie die zugrunde liegenden Aktien besitzen und eine Call-Option auf diese Aktien verkaufen, wird dies als gedeckter („covered“) Call bezeichnet.

Da die Zuteilung Teil der „Wheel-Strategie“ ist, wird es vorkommen, dass Sie Aktien zum Ausübungspreis Ihrer Put-Option zugeteilt bekommen. Sobald Sie diese Aktien besitzen, ist der nächste Schritt der „Wheel-Strategie“ der Verkauf von gedeckten Calls.

Der Verkauf von gedeckten Calls funktioniert hervorragend mit der „Wheel-Strategie“, da Sie zusätzliche Prämien für die Aktien, die Sie in Ihrem Depot haben, einnehmen können.

Sie verkaufen eine Call-Option für je 100 Aktien, die Sie in Ihrem Portfolio haben.

Und auch wenn es beängstigend sein mag, Aktien zugeteilt zu bekommen, kann es der lukrativste Teil der Strategie sein.

Das Wichtigste, was Sie sich merken sollten, ist, dass Sie nur je eine Call-Option pro 100 Aktien verkaufen, die Ihnen zugeteilt wurde, weil Sie sonst ungedeckte Calls verkaufen würden.

Und der Verkauf von ungedeckten Calls ist eine superriskante Strategie, da das Risiko unbegrenzt ist.

Lassen Sie es mich erklären:

Wenn Sie einen Put verkaufen, müssen Sie die Aktie zum zugrunde liegenden Ausübungspreis kaufen.

In unserem UBER-Beispiel aus dem vorherigen Kapitel haben wir Puts mit einem Ausübungspreis von 30 $ verkauft. Das bedeutet, dass wir 100 Aktien pro Put-Option kaufen müssen, die wir verkauft haben.

Die Kapitalanforderung für diesen Handel beträgt also 30 $ * 100 = 3.000 $.

Und das ist auch Ihr maximales Risiko, da die Aktie nicht unter 0 gehen kann.

Auf der anderen Seite, wenn Sie einen Call verkaufen, sind Sie verpflichtet, 100 Aktien für jede Call-Option zum Ausübungspreis zu verkaufen.

Nehmen wir an, Sie haben einen Call mit einem Ausübungspreis von 30 $ verkauft.

Das bedeutet, Sie müssen 100 Aktien von UBER für 30 $ verkaufen.

Wenn UBER auf 40 $ steigt, würden Sie 10 $ * 100 Aktien = 1.000 $ verlieren.

Und wenn UBER auf 60 $ ansteigt, würden Sie 30 $ * 100 Aktien = 3.000 $ verlieren.

Wenn UBER auf 150 $ ansteigt, würden Sie 120 $ * 100 Aktien = 12.000 $ verlieren.

Es gibt keine Begrenzung, wie hoch UBER gehen kann, und daher ist Ihr Risiko unbegrenzt.

Denken Sie immer daran:

- Beim Verkauf von ungedeckten Puts ist Ihr Risiko auf den Ausübungspreis * 100 begrenzt.
- Beim Verkauf von ungedeckten Calls ist Ihr Risiko unbegrenzt!

Stellen Sie daher sicher, dass Sie nur gedeckte Calls verkaufen, denn dann haben Sie technisch KEIN RISIKO mit dieser Option.

Zuteilung ist gut!

Viele Trader, die erst mit der „Wheel-Strategie“ anfangen, versuchen, eine Zuteilung zu vermeiden.

Und ich verstehe, warum:

Wenn Sie Aktien zugeteilt bekamen, haben Sie in der Regel einen VERLUST in Ihrem Konto.

Hier ist ein Beispiel:

Wenn wir ein UBER-30-$-Put verkaufen, würden wir Aktien zugeteilt bekommen, falls UBER unter 30 $ am Tag des Ablaufs der Option schließt.

Nehmen wir an, UBER schließt am Verfalltag bei 29 $.

Dies bedeutet, dass Sie Aktien für 30 $ kaufen müssen, und diese sind jetzt nur noch 29 $ wert.

So haben Sie einen „unrealisierten Verlust“ von 1 $ pro Aktie, das heißt 100 $ pro Option, die Sie verkauft haben, da jede Option 100 Aktien repräsentiert - wie Sie bereits wissen.

Und wenn Sie 7 Puts verkauft hätten, dann würden Sie einen unrealisierten Verlust von 700 $ haben.

Das mag erschreckend klingen!

Wichtig: Dies ist ein unrealisierter Verlust!

Sie würden den Verlust nur realisieren, wenn Sie Ihre Aktien jetzt verkaufen würden.

Aber das werden wir nicht tun.

Unser Plan ist es, die Aktien zu behalten und Calls dagegen zu verkaufen, um mehr Prämien einzunehmen.

Der UBER-Trade - Fortsetzung

Lassen Sie uns noch mal zu dem UBER-Trade aus Kapitel 7 zurückkommen.

Zur Erinnerung:

1. Ich sah, dass sich UBER seitwärts bewegte und Unterstützung bei der 30-$-Ebene hatte.
2. Ich wusste, dass es in Ordnung für mich wäre, UBER-Aktien für 30 $ zugeteilt zu bekommen.
3. Ich verkaufte 7 UBER-Put-Optionen zu einem Ausübungspreis von 30 $, mit einer Woche bis Ablauf für 25 $ pro Vertrag.
4. Ich nahm insgesamt 175 $ für die 7 Verträge (25 $ pro Vertrag) in einer Woche ein.
5. Am Verfalltag fiel der Preis von UBER unter 30 $ und mir wurden diese Aktien zugeteilt.
6. 7 Put-Optionen zu je 100 Aktien bedeutet, dass ich 700 Aktien von UBER zu einem Wert von 30 $ pro Aktie kaufen musste.
7. 700 Aktien von UBER zu je 30 $ bedeutet, dass ich insgesamt 21.000 $ für diesen Ankauf bezahlt habe.

Das war also Teil I und Teil II der „Wheel-Strategie“: Verkauf von Puts und Zuteilung.

Jetzt im Teil III werden gedeckte Calls gegen die Aktien von UBER, die mir gerade zugewiesen wurden, verkauft. Das werden wir uns nachfolgend anschauen.

Da ich 700 Aktien von UBER hatte, verkaufte ich 7 gedeckte Calls gegen diese Aktien.

Ich verkaufte 7 Calls am 21. August mit einem Ausübungspreis von 31 $ für 0,52 $ oder 52 $ pro Option, also für insgesamt 364 $.

Diese Calls hatten ein Verfallsdatum am 28. August.

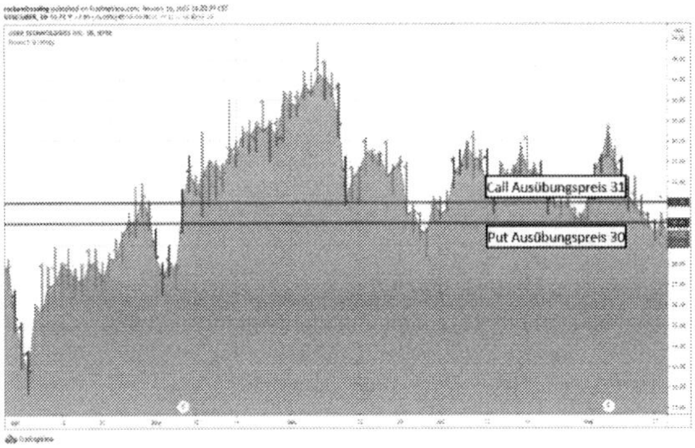

Hier sind drei mögliche Szenarien, wie dieser Handel am 28. August hätte ausgehen können:

Szenario 1:

UBER schließt über dem Zuteilungspreis, aber unter dem Call-Ausübungspreis von 31 $.

Lassen Sie uns zusammenfassen:

- Wir verkauften Puts und nahmen 175 $ in Prämien ein.
- Uns wurden 700 Aktien zugewiesen.
- Wir verkauften Calls und sammelten 364 $ als Prämie ein.

Wenn UBER über dem Zuteilungspreis schließt, behalten wir die Prämie der Optionen, die wir verkauft haben = 175 $ (verkaufte Puts) + 364 $ (verkaufte Calls) = 539 $.

PLUS: Wir haben Geld mit unseren Aktien verdient.

Wenn UBER zum Beispiel am Ablaufdatum des 28. August bei 30,50 $ schließt, verdienen wir 0,50 $ pro Aktie. Da wir 700 Aktien besitzen, hätten wir zusätzliche 350 $ an Aktiengewinn gemacht.

Unser Gesamtgewinn wäre also:

- 175 $ aus dem Verkauf von Puts
- 364 $ aus dem Verkauf von Calls
- 350 $ durch unsere Aktien
- **889 $ Gesamtgewinn**

An diesem Punkt verfallen unsere Calls wertlos. Wir haben keine offenen Optionspositionen und haben 2 Möglichkeiten:

- Wir können jetzt entscheiden, den Handel mit einem Gewinn abzuschließen und das „Rad" wieder neu zu starten oder
- wir können mehr Calls gegen unsere bestehende Position verkaufen und zusätzliche Prämien einnehmen.

Szenario 2:

UBER schließt über dem Ausübungspreis von 31 $.

Nehmen wir an, dass UBER am 28. August (Ablauftag) bei 32 $ schließt.

In diesem Fall würden wir die Prämien der verkauften Optionen noch immer behalten, aber unser Aktiengewinn ist auf einen $ pro Aktie begrenzt.

Das ist der Grund: Wir kauften die Aktien für 30 $ und müssen sie für 31 $ verkaufen, da wir einen Call zu einem Ausübungspreis von 31 $ verkauft haben.

Wir kauften 700 Aktien zu 30 $ und verkauften sie zu 31 $, also verdienen wir 700 $.

Unser Gesamtgewinn wäre also:

- 175 $ aus dem Verkauf von Puts
- 364 $ aus dem Verkauf von Calls
- 700 $ Gewinn von unseren Aktien
- **1.239 $ Gesamtgewinn**

An diesem Punkt sind die Calls, die wir verkauft haben, „im Geld" (ITM) und der Call-Käufer hat das Recht, Aktien von uns zum 31-$-Ausübungspreis zu kaufen.
Unsere Aktien werden also „ausgebucht" (called away).

Die Aktien, die wir für 30 $ gekauft haben, werden von unserem Konto gebucht, um unsere Verpflichtung gegenüber dem Call-Käufer zu erfüllen. Zu diesem Zeitpunkt haben wir keine Position in UBER mehr und unser Konto zeigt die oben gezeigte Gewinnaufschlüsselung an. Das nennen Händler „neutral" sein.

Der Handel ist nun abgeschlossen, und wir können uns jetzt nach einer neuen Möglichkeit umschauen.

Szenario 3:

UBER schließt unter dem Zuteilungspreis von 30 $.

Nehmen wir an, dass UBER am 28. August (Ablauftag) bei 29 $ schließt.

In diesem Fall würden wir unsere Prämien noch immer behalten, aber wir verdienen kein Geld mit den Aktien.

In der Tat haben wir jetzt einen unrealisierten Verlust von 1 $ pro Aktie, da wir die Aktien zu 30 $ gekauft haben und der aktuelle Preis 29 $ beträgt. Unsere Gewinn und Verlustrechnung wird also einen unrealisierten Verlust von 700 $ aufweisen.

Zusammenfassend haben wir:

- 175 $ aus dem Verkauf der Puts
- 364 $ Gewinne aus dem Verkauf von Calls
- 700 $ unrealisierter Verlust, da unsere Aktien „unter Wasser" sind
- **539 $ an realisierten Gewinnen und 700 $ an nicht realisierten Gewinnen**

Die gute Nachricht:

Die Calls, die wir verkauft haben, sind wertlos verfallen und wir können jetzt neue Calls gegen unsere bestehenden 700 Aktien verkaufen - und zusätzliche Prämien einsammeln.

Das Rad dreht sich ...

Natürlich würden wir irgendwann, wenn der Kurs der Aktie weiter fällt, nicht mehr in der Lage sein, Calls zu verkaufen. Wir werden im nächsten Kapitel über dieses Szenario sprechen.

Aber SO funktioniert die Radstrategie:

Sie folgen einfach immer wieder den gleichen Schritten, und das „Rad" dreht sich einfach weiter.

Falls Sie sich fragen, was mit diesem Trade passiert ist:

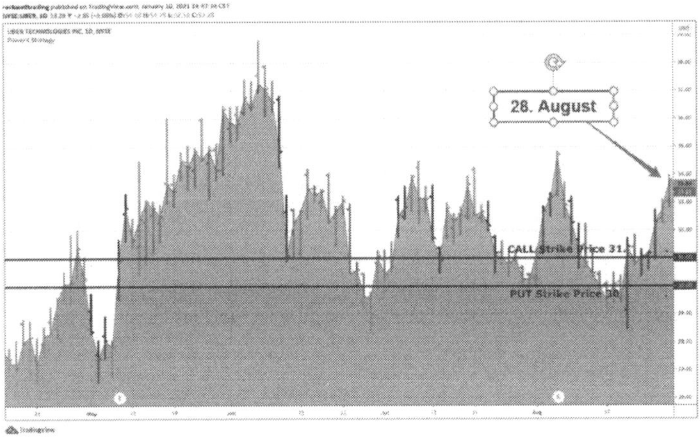

Am 28. August schloss UBER bei 33,63 $ (Szenario 2).

Mein Gesamtgewinn bei diesem Trade war also:

- 175 $ aus dem Verkauf von Puts
- 364 $ beim Verkauf von Calls
- 700 $ unrealisierte Gewinne aus den Aktien, die wir besaßen
- **1.239 $ Gesamtgewinn**

Ich eröffnete diesen Trade am 7. August.
Ich schloss den Trade 21 Tage später am 28. August.

Ich habe 1.239 $ in 21 Tagen = 59 $ pro Tag verdient.
Wenn ich das immer wieder wiederholen könnte, würde ich 59 $ x 360 Tage = 21.240 $ pro Jahr verdienen.
Und ich musste nur 21.000 $ für diesen Handel aufwenden, also wären das 101 % jährliche Rendite (ROI). Gar nicht schlecht ...

Kapitel 9

Was Sie vor dem Handel mit dieser Strategie wissen müssen

Nun kennen Sie die Details der „Wheel-Strategie", aber es gibt noch ein paar andere Dinge, die wir besprechen sollten, bevor es losgeht.

Optionshandelsberechtigungen

Bevor Sie eine Order aufgeben können, müssen Sie zuerst die richtigen Optionshandelsberechtigungen haben.

Es gibt vier Berechtigungsstufen des Optionshandels:

- Stufe 1: Verkauf von gedeckten Puts und gedeckten Calls
- Stufe 2: Stufe 1 + Kauf von Optionen
- Stufe 3: Stufe 1 + 2 + „Debit"- und „Kredit"-Spreads
- Stufe 4: Stufe 1 + 2 + 3 + erweiterte Optionensstrategien

Wenn Sie die „Wheel-Strategie" handeln möchten, benötigen Sie nur die Level-1-Optionsberechtigung.

Aber Sie müssen in der Regel Ihrem Broker sagen, welche Art von Optionen Sie handeln möchten, wenn Sie ein Konto eröffnen.

Wenn Sie nichts angeben, weist Ihnen der Broker „Stufe 0“ zu, das heißt keine Berechtigungen.

Hier ist ein Musterkontoeröffnungsformular von TD Ameritrade, in dem gefragt wird: „Welche Art von Aktivität planen Sie in Ihrem Handelskonto?“

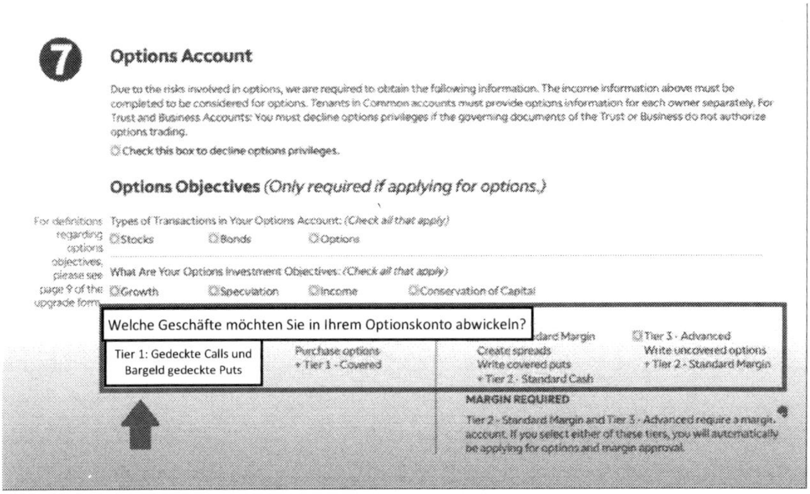

Dabei spielt es keine Rolle, ob Sie ein Barkonto oder ein Altersversorgungskonto (zum Beispiel IRA) haben: Alles, was Sie für den Handel der Radstrategie benötigen, sind die niedrigsten Berechtigungen, die möglich sind.

In dem oben abgebildeten Formular wäre das Stufe I.

Wenn Sie bereits ein Konto haben und nicht wissen, welche Handelsberechtigungen Sie haben, kontaktieren Sie Ihren Broker und sagen Sie ihm, dass er Ihre Handelsberechtigungen anpassen soll, damit Sie gedeckte Puts und gedeckte Calls verkaufen können.

Sie sollten keine Probleme haben, die erforderlichen Berechtigungen zu erhalten.

Test der Strategie

Wenn Sie ganz neu im Optionshandel sind und noch keinen Trading-Simulator (Paper Trading Account) verwendet haben, sollten Sie das tun.

Einige Händler üben nicht gerne mit einem Simulator, da sie das Gefühl haben, dass er die realen Märkte nicht korrekt darstellt.

Und das stimmt bis zu einem gewissen Grad. Ohne echtes Geld zu riskieren, werden Sie nicht die Emotionen erleben, die mit dem Risiko einhergehen, einen realen Verlust zu erleiden. Trotzdem bin ich immer noch ein großer Fan von Trading-Simulatoren.

Denken Sie darüber nach: Wie werden Piloten ausgebildet?

Jeder Pilot muss mit einem Simulator starten. Dann, nach vielen Stunden in einem Simulator und nach einer Reihe von Tests, ist ein Pilot endlich in der Lage, hinter das Steuer eines echten Flugzeugs zu kommen.

Wenn der Pilot nie Training in einem Simulator hatte, wäre es dann sinnvoll, dass er in einem echten Flugzeug startet und mit dem Fliegen beginnt?

Natürlich nicht!

Auch wenn der Handel mit einem Simulator nicht genau das Gleiche ist wie der Handel mit echtem Geld, sollten Sie das Trading auf einem Simulator ernst nehmen - aus einem ganz einfachen Grund:

Wenn Sie „Geld“ beim Simulator verlieren, ist es fast garantiert, dass Sie Geld beim „Live“ trading verlieren.

Denken Sie an das Beispiel der Ausbildung von Piloten:

Glauben Sie, es wäre okay, wenn ein angehender Pilot sich bei jedem Absturz im Simulator sagen würde: „Mach dir keine Sorgen, du wirst das schon herausfinden, sobald du in der Luft bist! Steig einfach ins Flugzeug, und es wird großartig ausgehen!“

Natürlich nicht!

Und so ist es auch mit einem Trading-Simulator: Üben Sie mit einem Simulator, bis Sie eine gewisse Konsistenz sehen. Erfolg bei einem Simulator garantiert nicht, dass Sie im realen Handel erfolgreich sein werden. Aber wenn Sie schon im Simulator nicht erfolgreich sind, sind Ihre Chancen, im realen Handel erfolgreich zu sein, sehr gering.

Ich empfehle Ihnen, mindestens 40 Trades im Simulator zu absolvieren.

40 Trades geben Ihnen genügend Daten, um eine statistisch signifikante Stichprobe zu haben. Eine geringere Anzahl wird Ihr Ergebnis verzerren. Denken Sie darüber nach: Wenn Sie nur 3 Trades in einem Simulator testen und dabei alle Trades gewinnen, bedeutet das nicht, dass Sie einen 100%igen Gewinnprozentsatz haben werden.

Selbst 10 bis 20 Trades sind nicht genug. Nehmen Sie sich die Zeit und absolvieren Sie mindestens 40 Trades im Simulator. Ihr Handelskonto wird es Ihnen danken!

Wo also finden Sie einen Handelssimulator?
Es gibt mehrere Broker, die Simulatoren anbieten, und ich habe mehr als ein Dutzend von ihnen getestet. Die meisten von ihnen

waren nicht sehr realistisch. Den realistischsten Simulator, den ich gefunden habe, ist „paperMoney“ von ThinkorSwim.

Er wird über die ThinkorSwim-Plattform von TD Ameritrade angeboten. Sie brauchen kein echtes Handelskonto bei diesem Broker, um diesen Simulator zu verwenden. Alles, was Sie tun müssen, ist, sich anzumelden, indem Sie einige Fragen beantworten und persönliche Informationen angeben.

Es gibt noch etwas zu beachten, bevor Sie mit dem Papierhandel beginnen:

Die meisten Simulatoren haben einen „Reset-Knopf“ der es Ihnen ermöglicht, „alles zurückzusetzen“ (Reset All). Dies ermöglicht es Ihnen, simulierte Trades zu löschen und neu zu beginnen.

Das kann sehr ansprechend klingen, wenn Sie zum ersten Mal mit dem simulierten Handel beginnen. Am Anfang machen Sie einige schlechte Trades und entscheiden dann, dass Sie nun gerne von vorne beginnen wollen.

Tun Sie das NICHT!

Im wirklichen Leben, im Live-Handel mit echtem Geld, gibt es auch keinen solchen Knopf.
Es wäre schön, wenn ein solcher Knopf beim Live-Trading existierte, und Sie könnten ihn einfach nach einem schlechten Trade drücken und das ganze Geld würde wieder auf Ihrem Konto erscheinen.

Aber da Sie das im Live-Handel nicht tun können, sollten Sie diese Funktion auch beim Papierhandel nicht verwenden.

Nehmen Sie Ihren Papierhandel ernst und behandeln Sie ihn wie Live-Trading.

Sie möchten sicherstellen, dass Sie gelernt haben, wie man aus einem Loch nach ein paar verlorenen Trades wieder herausklettert.

Sie werden Fehler beim Papierhandel genau wie im Live-Trading machen, aber es ist besser, diese Fehler in einem Simulator zu machen, als Ihr hart verdientes Geld zu verlieren.

Das Wichtigste: Sie sollten aus Ihren Fehlern LERNEN und sicherstellen, dass Sie diese nicht wiederholen - schon gar nicht, wenn Sie mit echtem Geld handeln.

Also, auch wenn Sie bereits Handelserfahrung haben, empfehle ich Ihnen dringend, mit einem Simulator zu üben, um eine neue Strategie wie die „Wheel-Strategie“ einzustudieren.

Kapitel 10

Was tun, wenn der Markt abstürzt

Eine der am häufigsten gestellten Fragen rund um diese Strategie ist:

„Was macht man, wenn man einen Put verkauft hat und der Markt abstürzt?“

In diesem Kapitel werden wir ausführlich darüber sprechen.

Beim Verkauf von Put-Optionen besteht die Möglichkeit, Aktien zugeteilt zu bekommen. Und hier kann es riskant werden, wenn Sie nicht wissen, was zu tun ist.

Was genau ist also eine Zuteilung - vor allem beim Verkauf von Puts?

Zuteilung bedeutet, dass der Verkäufer des Optionsvertrags (SIE) verpflichtet ist, den Vertrag zu erfüllen, indem er die Aktie zum Ausübungspreis nach Ablauf des Optionsvertrages KAUFT - sollte der Käufer des Optionsvertrags sein Recht ausüben.

Der Käufer wird das Recht ausüben, die Aktie zum Ausübungspreis zu verkaufen, wenn die Aktie UNTER dem Ausübungspreis nach Ablauf schließt.

Hier ist ein Beispiel:

Nehmen wir an, Sie haben einen UBER-Put mit einem Ausübungspreis von 30 $ verkauft.

Das bedeutet, dass der Käufer dieser Put-Option Sie zwingen kann, 100 UBER-Aktien zu 30 $ zu kaufen.

Und wenn die Aktie zu einem niedrigeren Preis gehandelt wird, sagen wir 29 $, dann kann er 100 AKTIEN von UBER auf dem Markt für 29 $ kaufen und sie Ihnen für 30 $ verkaufen. Also würde er einen $ Gewinn pro Aktie = 100 $ machen.

Daher ist es fast sicher, dass der Käufer der Put-Option, die Sie verkaufen, ausüben wird, wenn der Aktienkurs unter dem Ausübungspreis am Ablauftag liegt.

Wie Sie wissen, ist die Zuteilung von Aktien Teil der ‚Wheel-Strategie", da Sie jetzt Call-Optionen gegen die Aktien verkaufen können, die Sie besitzen (siehe Kapitel 8).

Es gibt nur ein Problem:

Wenn die Aktie stark fällt, haben Sie möglicherweise einen großen unrealisierten Verlust. Und Sie können möglicherweise keine ordentliche Prämie einnehmen, wenn Sie versuchen, Call-Optionen zu verkaufen.

Hier ist ein Beispiel:

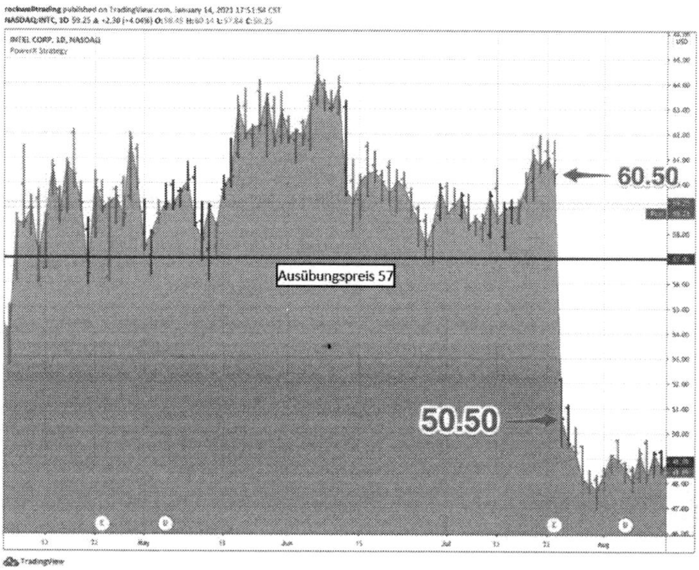

Intel (INTC) bewegte sich in einem Bereich zwischen 57 $ und 63 $.

Es gab eine solide Unterstützung bei 57 $, und es könnte verlockend gewesen sein, einen Put für den 57-er Ausübungspreis zu verkaufen.

(Nehmen wir nur für einen Moment an, dass Sie die Regel „Nicht vor Quartalszahlen handeln!“ völlig vergessen haben.)

Am Tag vor der Bekanntgabe der INTC-Quartalsergebnisse schloss die Aktie bei 60,50 $.

Und am nächsten Tag fiel die Aktie massiv und schloss bei einem Kurs von 50,50 $.
In diesem Fall hätten Sie gezwungen werden können, 100 AKTIEN von INTC zu 57 $ zu kaufen.
Und jetzt sind diese Aktien nur 50,50 $ wert, also verlieren Sie 6,50 $ pro Aktie. Das sind 650 $ für jede 100 Aktien, die Sie besitzen!

Da sich die Aktie deutlich nach unten bewegte, erhalten Sie keine Prämie für Call-Optionen mit einem Ausübungspreis von 57 $ und darüber.

Jetzt stehen Sie dumm da.

Was machen Sie jetzt?

Diese Dinge können passieren, wenn Sie die „Wheel-Strategie" handeln, und jetzt werde ich Ihnen zeigen, wie man einen solchen Trade „rettet".

Mit Verlusten umgehen

Ja, so etwas ist mir passiert:

Ich verkaufte einen Put auf TQQQ zu einem Ausübungspreis von 150 $, kurz bevor diese Aktie um 39 % abstürzte!

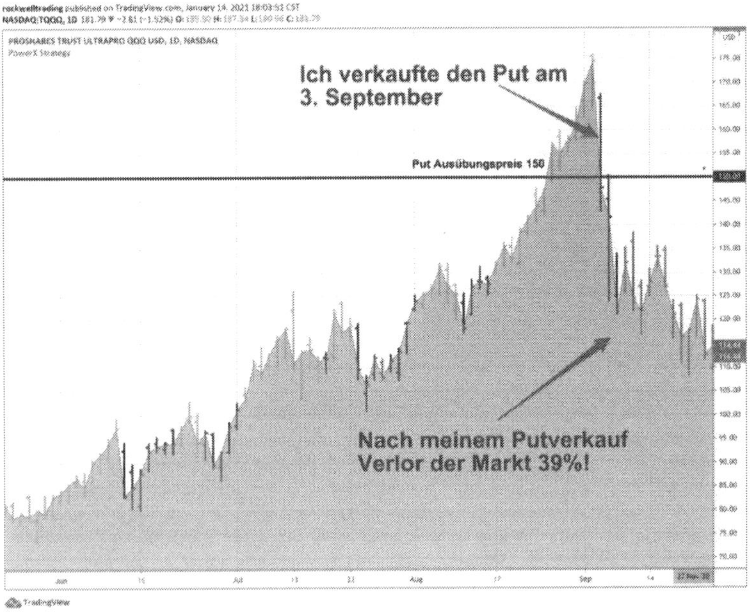

Um zu verstehen, wie man einen Verlust umdreht, werde ich Ihnen jede einzelne Transaktion, die ich durchgeführt habe, erklären. Ich zeige Ihnen, wie ich einen Trade mit anfänglichem Verlust von 4.000 $ zu einem 2.500-$-Gewinn umgewandelt habe!

Fangen wir an.

Am 3. September verkaufte ich einen TQQQ-Put mit einem Ausübungspreis von 150 $, der zum 4. September ablaufen würde. Ich nahm 0,66 $ an Prämie ein, das heißt 66 $.

Am 4. September schloss TQQQ bei 141,64 $ und ich erhielt 100 Aktien von TQQQ zu einem Preis von 150 $.

Am 8. September schloss TQQQ bei 121,44 $ - und ich war mit 2.856 $ im Minus. Autsch!

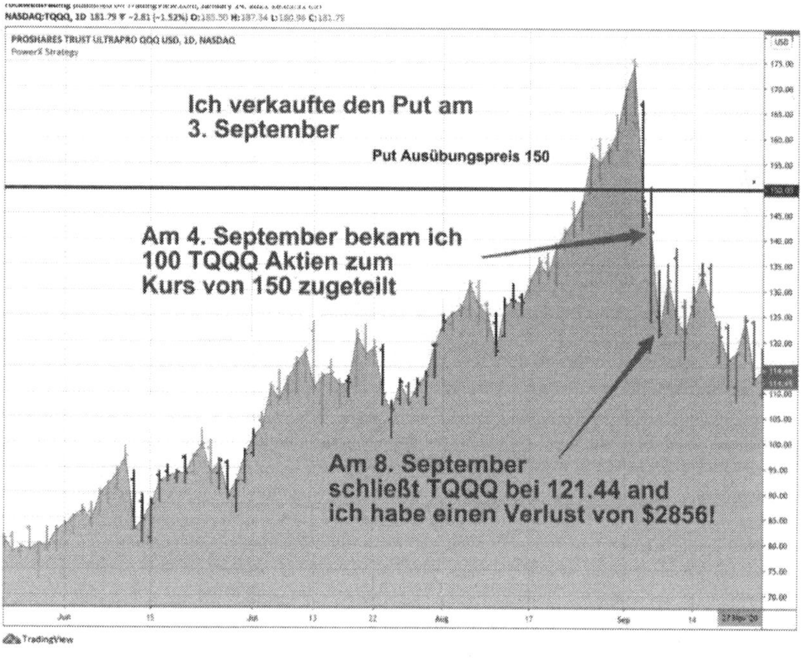

Die „gute Nachricht“:

Ich habe 66 $ Prämie erhalten, als ich den Put verkauft habe, und ich kann diese Prämie behalten, egal was passiert. Daher ist meine „Kostenbasis“ der TQQQ-Aktien 150 $ - 0,66 $ = 149,34 $.

Also verliere ich „nur“ 2.856 $ - 66 $ = 2.790 $.

Weiter geht es ...

Am 10. September bewegte sich TQQQ etwas höher, und ich konnte die 150-Call-Option mit Verfallsdatum für den 18. September für 2,10 $ verkaufen.

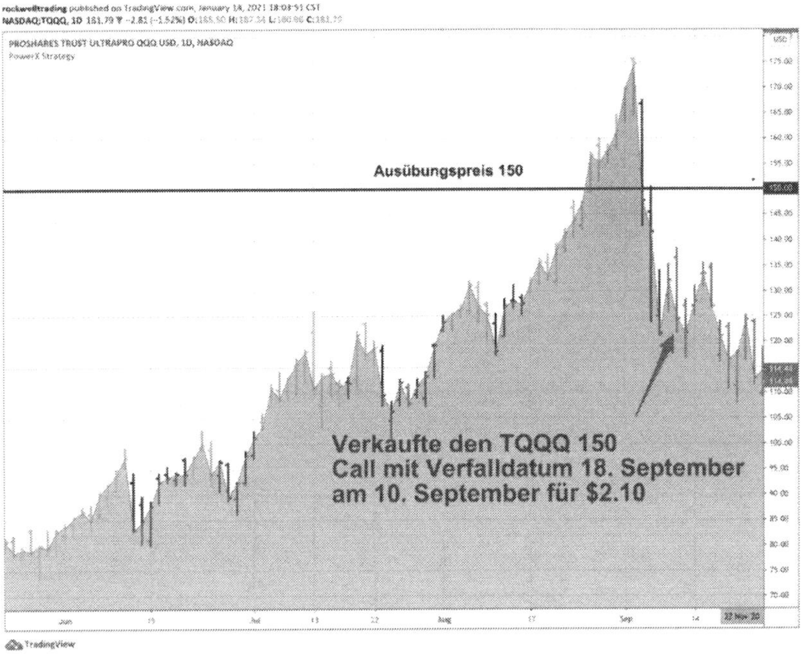

Nur einen Tag später, am 11. September, konnte ich diesen Call für 0,37 $ zurückkaufen, also verdiente ich 2,10 $ - 0,37 $ = 1,73 $.

So konnte ich meine Kostenbasis für meine Aktien um weitere 1,73 $ reduzieren.

Da ich die Prämie der Optionen, die ich verkauft habe, behalten kann, unabhängig davon, was die Aktie tut, liegt meine Kostenbasis jetzt bei 147,61 $.

Solange TQQQ unter 147,61 $ bleibt, verliere ich Geld.

Aber sobald TQQQ sich über 147,61 $ bewegen würde, wäre ich in der Gewinnzone.

Am 15. September bewegte sich TQQQ etwas höher, und ich konnte einen weiteren 150-Call mit einem Verfallsdatum vom 18. September für 0,45 $ verkaufen.

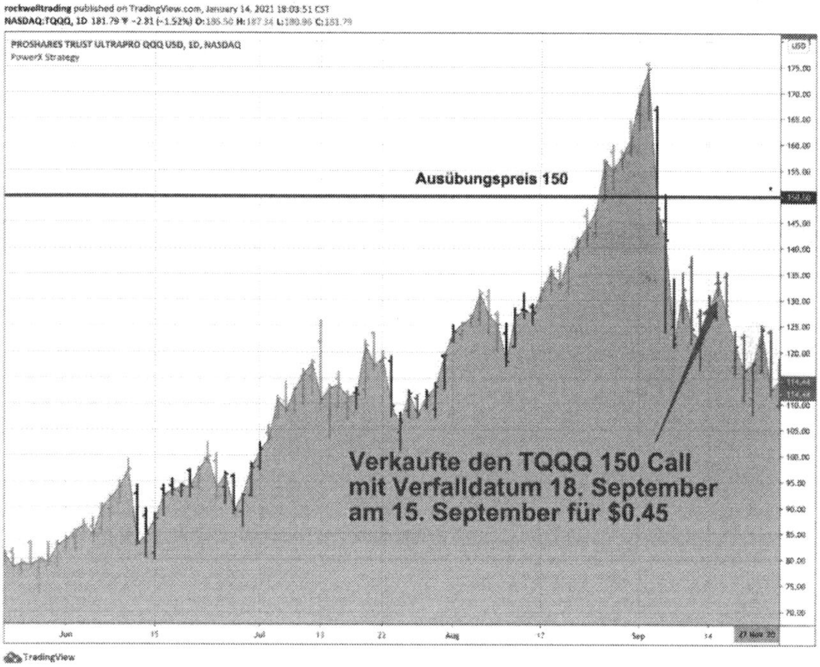

2 Tage später, am 17. September, konnte ich den Call für 0,05 $ zurückkaufen.

Mein Gewinn beträgt also 0,45 $ - 0,05 $ = 0,40 $, und ich bin in der Lage, meine Kostenbasis für die Aktie auf 147,61 $ - 0,40 $ = 147,21 $ weiter zu reduzieren.

TQQQ muss noch um einiges steigen, bevor ich wieder in der Gewinnzone bin.

Im Moment bin ich noch „unter Wasser“, und ich muss weiterhin Prämien verkaufen, um mich aus diesem Loch zu graben.

Aber sobald sich TQQQ über meine neue Kostenbasis von 147,21 $ bewegt, würde ich in der Gewinnzone sein.

Leider hatte TQQQ andere Pläne ...

Weitere Puts verkaufen

Am 18. September schließt TQQQ bei 116, $48. Das ist definitiv die falsche Richtung!

Also stelle ich meinen Plan um:

Ich beschließe, einen weiteren Put mit einem Ausübungspreis von 100 $ zu verkaufen.

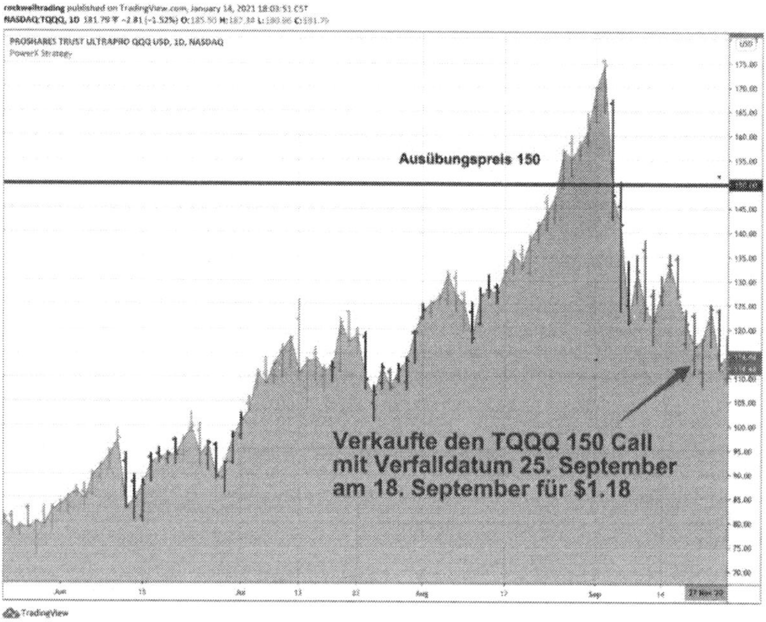

Hier ist meine Überlegung:

Ich besitze bereits 100 Aktien zu einem Preis von 150 $.

Wenn sich TQQQ unter 100 $ bewegt, würde ich weitere 100 Aktien für 100 $ zugeteilt bekommen.

Also hätte ich 100 Aktien für 150 $ und weitere 100 Aktien für 100 $.

Das bedeutet, dass mein Durchschnittspreis für die Aktien (150 $ + 100 $) / 2 = 125 $ ist.

Und ich hatte ja schon etwas an Prämien eingenommen:

Ursprünglich erhielt ich 0,66 $, als ich meinen 150-Put verkaufte. Ich erhielt weitere 1,73 $, als ich den 150-Call verkaufte. Und noch 0,40 $ für den Verkauf eines weiteren Calls. Jetzt habe ich einen Put verkauft und 1,18 $ an Prämie erhalten.

Die Gesamtprämien, die ich bisher erhalten habe, betragen also 0,66 $ + 1,73 $ + 0,40 $ + 1,18 $ = 3,97 $.

Wenn ich diese Prämien von meinem durchschnittlichen Aktienkurs von 125 $ abziehe, erhalte ich bei einer Kostenbasis von 125 $ - 3,97 $ = 121,03 $.

TQQQ muss also über 121,03 $ steigen, damit ich wieder in die Gewinnzone komme!

In den nächsten Tagen bewegt sich TQQQ nirgendwohin: Erst geht es etwas hoch, und dann geht es etwas runter.

Am 25. September bin ich in der Lage, den 100-Put, den ich für 1,18 $ verkauft hatte, für 0,06 $ zurückzukaufen.
Mein Gewinn für diesen Put ist 1,18 $ - 0,06 $ = 1,12 $.

Da ich keine Aktien zugeteilt bekomme, liegt meine Kostenbasis immer noch bei 147,21 $. Aber da ich etwas mehr Geld an der Verkaufsprämie verdient habe, liegt meine neue Kostenbasis jetzt bei 147,21 $ - 1,12 $ = 146,09 $.

Ich bewege langsam meinen Break-even-Punkt tiefer und tiefer ...

Am 25. September beschließe ich, einen weiteren 100-Put mit Verfallsdatum vom 2. Oktober für 2,40 $ zu verkaufen.

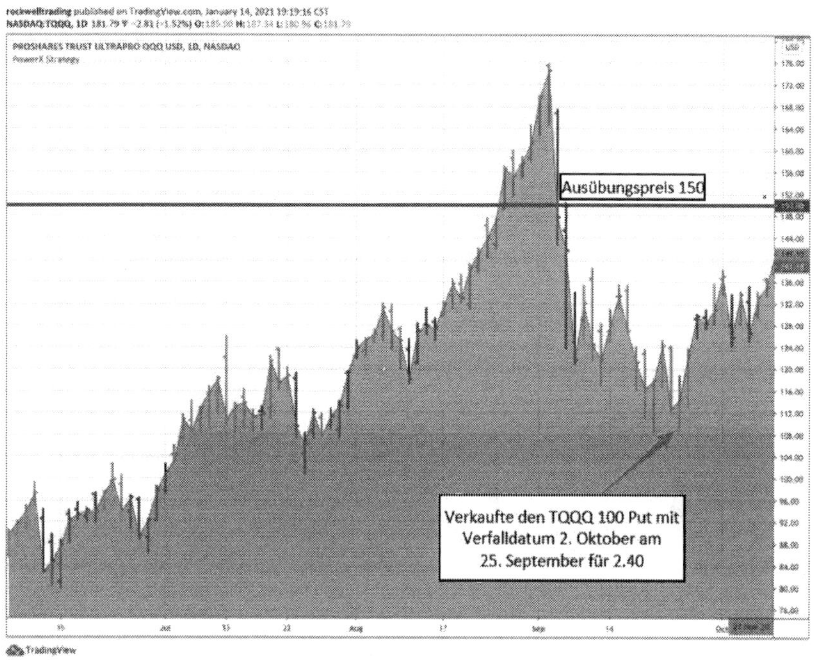

Nur 3 Tage später, am 28. September, kann ich diesen Put für 0,24 $ zurückkaufen. Mein Gewinn ist also 2,40 $ - 0,24 $ = 2,16 $. Mit diesem Gewinn senkt sich meine Kostenbasis auf 146,09 $ - 2,16 $ = 143,93 $.

Und wieder Calls verkaufen

Während der nächsten Tage bewegt sich TQQQ etwas höher.

Nicht hoch genug, um aus diesem Trade herauszukommen, aber hoch genug, um wieder Call-Optionen verkaufen zu können.

Am 1. Oktober kann ich einen 150-Call mit Verfallsdatum vom 9. Oktober für 1,57 $ verkaufen.

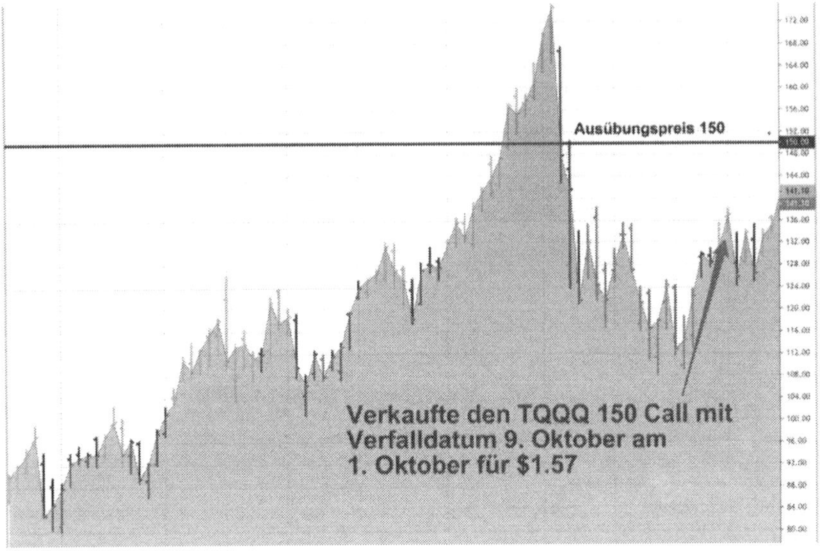

Ein paar Tage später, am 6. Oktober, kann ich diesen Call für 0,15 $ zurückkaufen.

Mein Gewinn ist 1,57 $ - 0,15 $ = 1,42 $, und meine neue Kostenbasis ist 143,93 $ - 1,42 $ = 142,51 $.

Wie Sie sehen können, kostet es etwas Geduld, um sich selbst aus dem Loch herauszuarbeiten, aber es ist möglich!

Was als nächstes passiert ist:

TQQQ bewegt sich höher!

Und am 9. Oktober kann ich einen 150-Call mit Verfallsdatum vom 16. Oktober für 1,40 $ verkaufen.

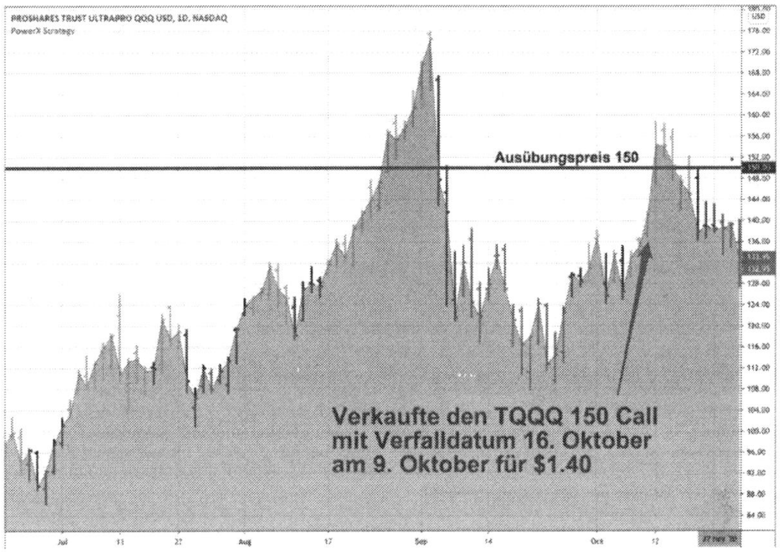

Und dann passiert es endlich: TQQQ bewegt sich über 150 $!

Aber denken Sie daran: TQQQ muss am 16. Oktober (Ablauftag) über 150 $ schließen, wenn jedoch die Aktie darunter fällt, verfallen die Call-Optionen wertlos.

Und genau das ist passiert:
TQQQ bleibt bis zum 14. Oktober, nur 2 Tage vor dem Verfallsdatum, über 150 $.
Aber am 16. Oktober fällt TQQQ wieder unter 150 $, also sind wir noch nicht in Sicherheit.

Allerdings können wir unseren Call für 0,40 $ zurückkaufen und wir verdienen 1,40 $ - 0,40 $ = 1,00 $.

Unsere Kostenbasis ist jetzt 142,51 $ - 1,00 $ = 141,51 $!

An diesem Punkt könnte ich diesen Trade mit einem kleinen Gewinn beenden. Und das wäre wohl eine kluge Entscheidung gewesen ...

Dennoch, seit über einem Monat bin ich jetzt in diesem Trade. Ich bin immer noch bullisch gegenüber TQQQ eingestellt (TQQQ stellt den NASDAQ dar) - und ich bin entschlossen, einen ordentlichen Gewinn mit diesem Trade zu erzielen!

Also verkaufe ich am 16. Oktober einen 155-Call mit einem Verfallsdatum zum 23. Oktober für 4,00 $.

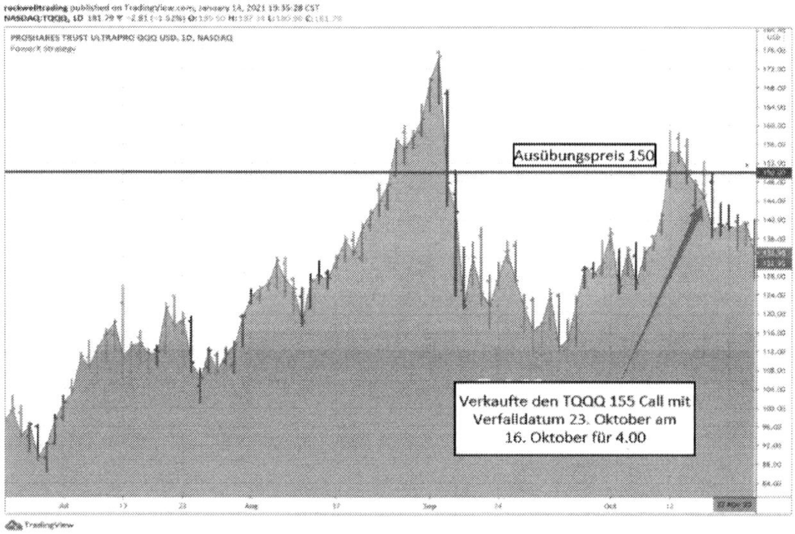

4 Tage später, am 20. Oktober, kann ich diesen Call für 0,40 $ zurückkaufen, und ich mache einen Gewinn von 4,00 $ - 0,40 $ = 3,60 $.

Meine Kostenbasis ist jetzt 141,51 $ - 3,60 $ = 137,91 $.

Am 21. Oktober verkaufe ich einen 150-Call mit Verfallsdatum zum 30. Oktober für 4,80 $.

TQQQ bewegt sich wieder tiefer!!!!

Vielleicht hätte ich so schlau sein sollen, den Trade mit einem kleinen Gewinn abzuschließen, als ich das konnte. - MIST!

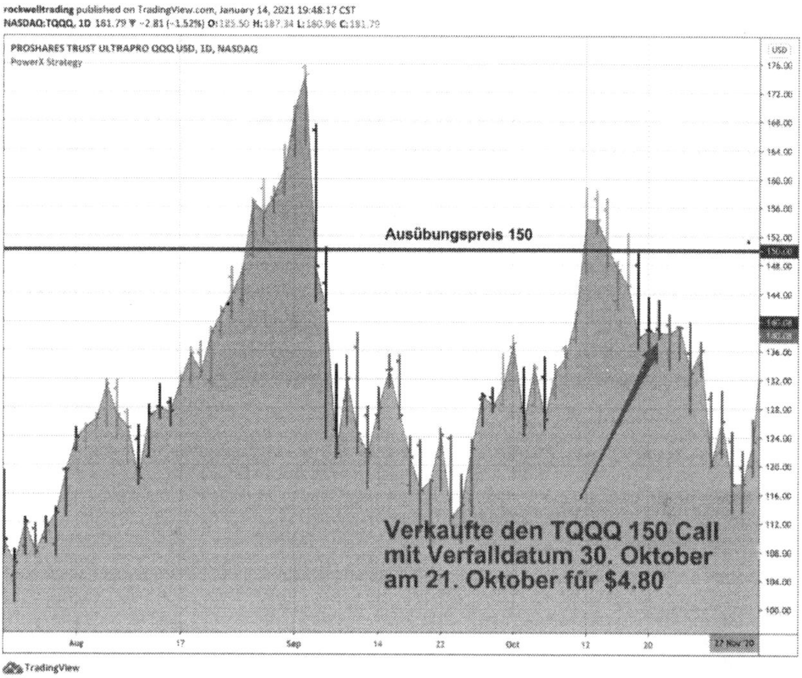

Da TQQQ sich tiefer bewegt, kann ich diesen Call am 27. Oktober für 0,45 $ zurückkaufen.

Also nehme ich weitere 4,80 $ - 0,45 $ = 4,35 $. Meine Kostenbasis ist jetzt 137,91 $ - 4,35 $ = 133,56 $. Wenn sich TQQQ über 133,56 $ bewegt, wäre ich wieder in der Gewinnzone!

Und wieder Puts verkaufen!

TQQQ fällt immer weiter, und ich kann keine Prämie mehr für Calls bekommen.

Ich bin wieder gezwungen, Puts zu verkaufen!

Also verkaufe ich am 30. Oktober einen 100-Put mit Verfallsdatum zum 6. November.

Werde ich jemals in der Lage sein, aus diesem Trade herauszukommen???

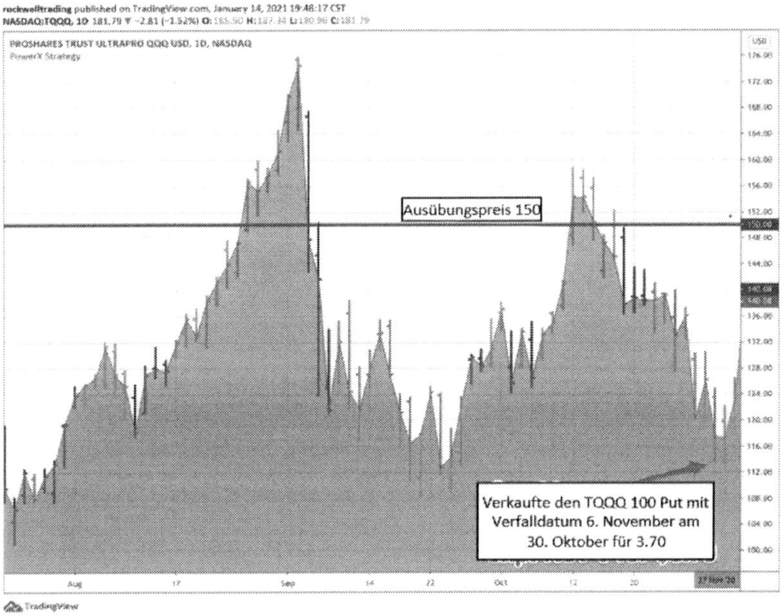

Am 3. November kann ich den Put für 0,83 $ und einem Gewinn von 3,70 $ - 0,80 $ = 2,90 $ zurückkaufen. Das hilft mir, meine Kostenbasis auf 133,56 $ - 2,90 $ = 130,66 $ zu reduzieren.

Endlich: Nochmals Calls verkaufen - zum letzten Mal?

In den nächsten Tagen bewegt sich TQQQ wieder höher, und ich kann neue Call-Optionen verkaufen.

Da meine Kostenbasis jetzt bei 130,66 $ liegt, muss ich nicht mehr 150-Calls verkaufen. Ich kann jeden Ausübungspreis verkaufen, solange er über meiner Kostenbasis liegt.

Am 4. November beschließe ich, den 148-Call mit Verfallsdatum vom 13. November für 2,45 $ zu verkaufen.

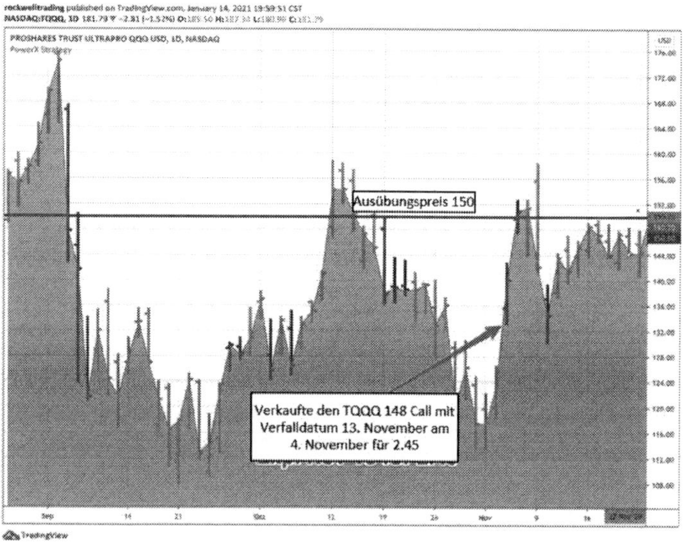

Am 13. November kann ich den Call für 0,10 $ zurückkaufen. Mein Gewinn ist 2,45 $ - 0,10 $ = 2,35 $, und meine Kostenbasis ist jetzt 128,31 $.

Noch am selben Tag, dem 13. November, kann ich den 150-Call mit Verfallsdatum vom 20. November für 2,60 $ verkaufen.

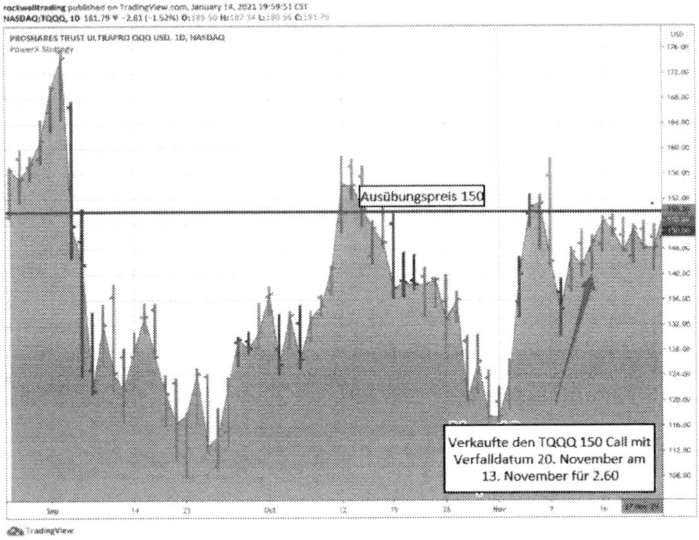

Am 20. November kann ich den Call für 0,20 $ mit einem Gewinn von 2,60 $ - 0,20 $ = 2,40 $ zurückkaufen.

Dadurch reduziert sich meine Kostenbasis auf 128,31 $ - 2,40 $ = 125,91 $.

Am selben Tag kann ich den 150-Call mit Verfallsdatum vom 27. November für 3,50 $ verkaufen.

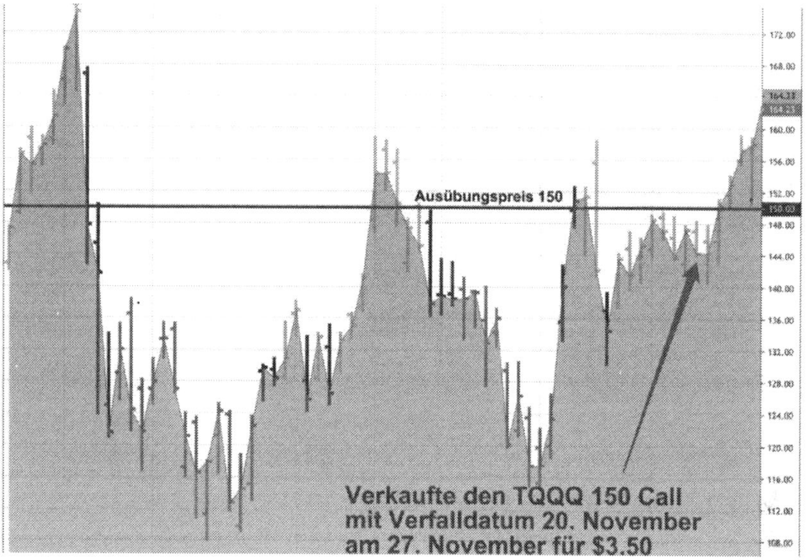

Und 7 Tage später ...

... am 27. November ...

... nach 82 Tagen ...

.... schließt TQQQ über 150 $ und meine Aktien werden weggerufen.

Ich habe kein Geld mit den Aktien verdient, da ich sie für 150 $ gekauft und für 150 $ wieder verkauft habe.

Aber ich nahm 2.759 $ an Prämien ein.

Durch den systematischen Verkauf von Calls und Puts drehte ich einen Trade, der in Schwierigkeiten war, erfolgreich herum.

Es war ein Trade mit einer Aktie, die um 39 % nach meinem Eintritt fiel, ein Trade, bei dem ich zwischenzeitlich einen unrealisierten Verlust von 4.190 $ hatte ...

... und schloss ihn mit 2.759 $ Gewinn ab.

Zuteilung ist Teil des Plans

Zuteilung fürchten viele Händler am meisten.

Aber in Wirklichkeit sollten Sie sich keine Sorgen machen, WENN Sie verstehen, was es bedeutet, und einen Plan haben, falls es dazu kommt.

Einige meiner profitabelsten Trades ergaben sich aus einer Zuteilung.

Aus diesem Grund ist die Zuteilung ein wichtiger Bestandteil der „Wheel-Strategie".

Wenn Sie also vor einer Zuteilung Angst haben, ist diese Strategie möglicherweise nichts für Sie.

Aber wenn Sie sich die Zeit nehmen, die Strategie zu lernen, den Schritten, wie in diesem Buch beschrieben, folgen und üben, dann können Sie eine Menge Spaß mit dieser Handelsstrategie haben!

Kapitel 11

Ninja-Tipps und -Tricks für die „Wheel-Strategie“

Sind Sie nicht von dem Potenzial der „Wheel-Strategie“ begeistert?

Ich wette, Sie sind es!

Denn die „Wheel-Strategie“ verschafft Ihnen einen Vorteil im Markt, und wenn sie richtig angewendet wird, ist es eine Strategie, bei der man „fast“ nicht verlieren kann!

Wenn Sie jedoch NICHT korrekt ausgeführt wird, können Sie einige sehr schwerwiegende Verluste erleiden.

Also lassen Sie mich Ihnen einige Ninja-Tipps und -Tricks für den Handel mit der „Wheel-Strategie“ und einige Warnungen mitgeben!

Ninja-Tipp #1: Die wichtigste Frage

Beim Traden mit der „Wheel-Strategie" ist die wichtigste Frage, die Sie sich stellen müssen:

„Möchte ich die Aktie zum Ausübungspreis besitzen?"

Denken Sie immer daran, dass das Risiko einer Zuteilung besteht.

Wenn sich die Aktie unter den Ausübungspreis des Puts bewegt, zu dem Sie verkauft haben, werden Sie gezwungen sein, die Aktie zum Ausübungspreis am Verfallsdatum zu kaufen.

Also ist es für Sie okay, die Aktie zu diesem Preis zu besitzen?

Wenn Ihre Antwort JA lautet, fahren Sie fort.
Wenn Ihre Antwort NEIN ist, fahren Sie mit der nächsten Aktie fort.

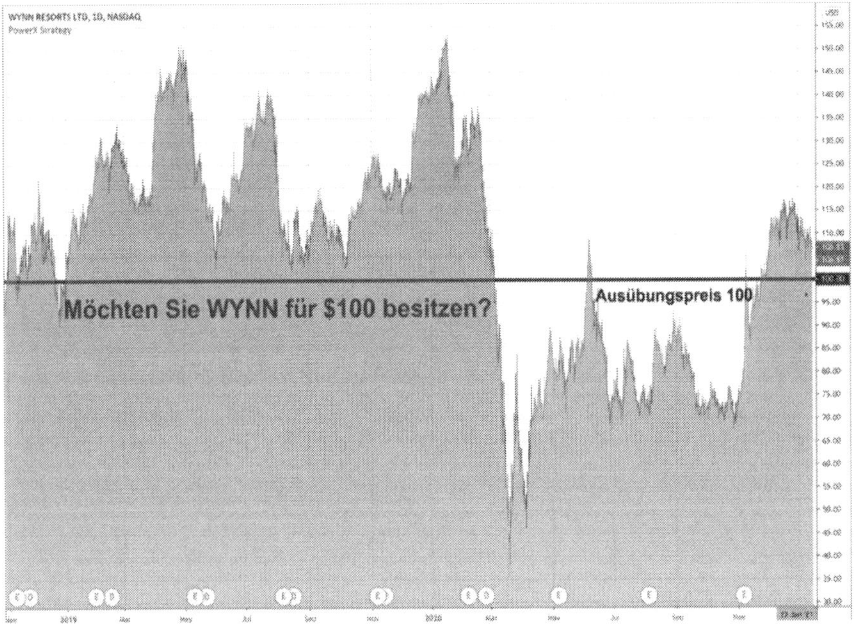

Ninja-Tipp #2: Wenn es zu gut ist, um wahr zu sein ...

Manchmal werden Sie einige großartige Gelegenheiten entdecken.

Werfen Sie einen Blick auf Novavax (NVAX):

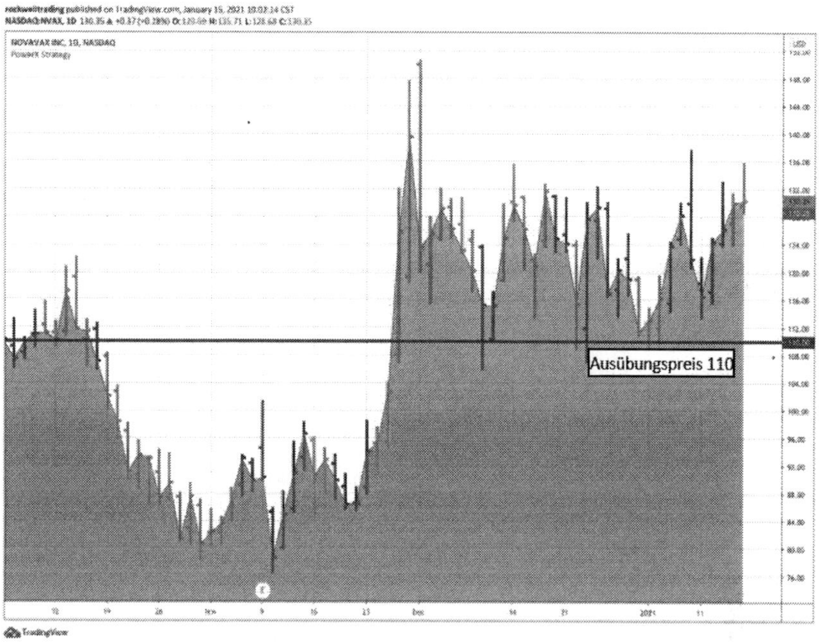

Es gibt eine hohe Prämie für den 100-Put, der in 7 Tagen ausläuft.

Es gibt in der Tat eine so hohe Prämie, dass unser Radrechner Ihnen eine umgerechnete Jahresrendite von 71 % anzeigt!

	Aktie 1
Aktie	**NVAX**
Aktienkurs	130.57
Schritt 1: Put	
Optionsausübungspreis	110.00
Optionsprämie	1.70
Verfalldatum	Jan 22, 2021
Min Optionsprämie	0.72
Max Optionsprämie	0.96
Verlust in %	16%
Anzahl Optionen	9
Optionsprämie in $	1,530
Tage zum Verfall	7
Prämie pro Tag	191
$ Aktie zu kaufen	99,000
Umgerechnete Jahresrendite	71%

Wie Sie sehen können, zeigt der „Wheel-Rechner" die Situation in GELB an.

Das ist ein Warnsignal!

Sie sollten mit annualisierten Renditen zwischen 30 % und 40 % rechnen.

Wenn Sie 71 % sehen und es gelb hervorgehoben ist, bedeutet das, dass Sie alles überprüfen müssen, um sicherzustellen, dass Sie nichts übersehen haben.

Und genauso ist es:

Eine schnelle Google-Suche zeigt, dass Novavax (NVAX) an einem Coronavirus-Impfstoff arbeitet:

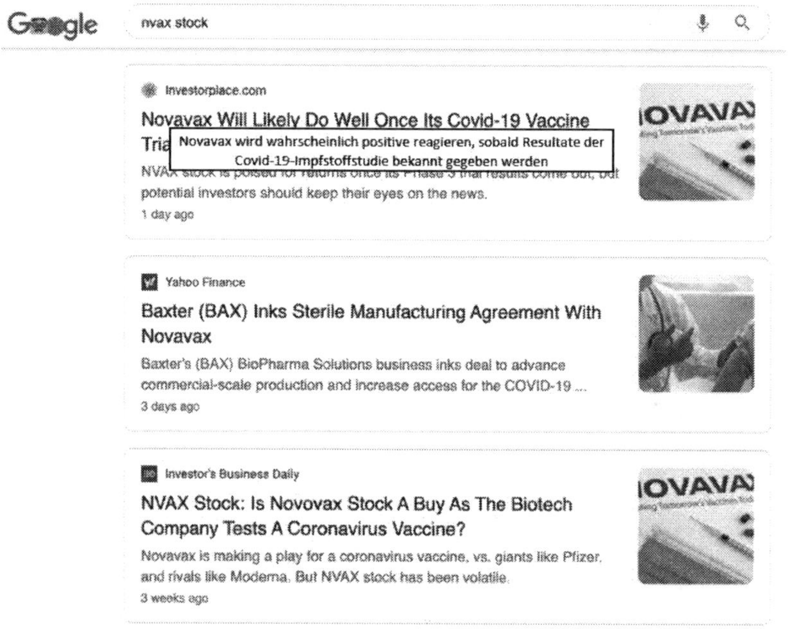

Und ja, wenn die Studien gut verlaufen, dann könnte Novavax mit dem Impfstoff viel Geld verdienen.

Aber wenn die Studie scheitert, dann könnte dieses Ergebnis die Novavax-Aktie deutlich nach unten drücken.

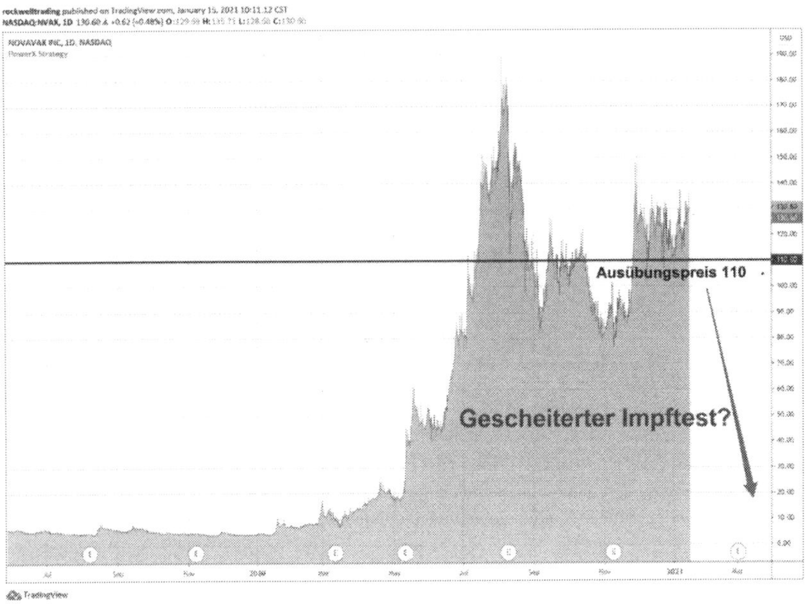

Wie Sie sehen können, wurde NVAX mit rund 4 bis 6 $ bis vor ein paar Monaten gehandelt.

Ein fehlgeschlagener Test könnte NVAX also wieder auf diese Ebene zurückschicken.

Möchten Sie NVAX wirklich bei 100 $ besitzen, wenn die Aktie auf 4 bis 6 $ abfällt?

Denken Sie immer daran: Wenn es zu gut ist, um wahr zu sein, könnte es tatsächlich ein hohes Risiko sein.

Ninja-Tipp #3: Handeln Sie mit wöchentlichen Optionen

Sie können Optionen handeln, die wöchentlich ablaufen, und Sie können Optionen handeln, die monatlich ablaufen.

Sie finden Möglichkeiten für beide Arten von Optionen.

Ich persönlich bevorzuge den Handel mit wöchentlichen Optionen, weil ich dadurch mehr Flexibilität habe.

Lesen Sie meine Begründung:

Angenommen Sie haben einen Put verkauft und Sie bekommen die Aktie zugeteilt, weil der Kurs der Aktie am Verfalldatum unter dem Ausübungspreis lag.

Nach unseren Regeln würden Sie jetzt einen Call verkaufen.

Mit wöchentlichen Optionen können Sie einen Call verkaufen, der am Ende der Woche abläuft. Und wenn der Aktienkurs über dem Ausübungspreis schließt, werden Ihre Aktien ausgebucht, Sie verdienen Geld, und Sie können wieder „das Rad drehen" und in den nächsten Handel einsteigen.

Im Fall von monatlichen Optionen werden Sie jedoch in diesem Trade für die nächsten 4 Wochen stecken, bis die monatlichen Optionen ablaufen.

Und es ist viel schwieriger vorherzusagen, was eine Aktie innerhalb der nächsten 4 Wochen tun wird, im Vergleich zu den nächsten 5 Tagen.

Daher empfehle ich Ihnen, dass Sie sich beim Handel mit der „Wheel-Strategie" an wöchentliche Optionen halten.

Ninja-Tipp #4: Die richtige Einstellung

Die „Wheel-Strategie" ist eine Strategie mit einem unglaublich hohen Gewinnprozentsatz.

Ich habe Dutzende von Trades mit der „Wheel-Strategie“ gehandelt und bisher hatte ich nur einen Verlusttrade. (Hoffentlich geht es so weiter!!!)

Daher liegt mein Gewinnprozentsatz über 99 %.

Ich kenne keine andere Handelsstrategie, die diese Art von Gewinnprozentsatz bietet.

Es ist sehr einfach, sich von der Einfachheit und Wirksamkeit dieser Strategie einlullen zu lassen. Aber als Händler müssen Sie stets auf der Hut sein und diese 3 Dinge im Auge behalten:

1. **Handeln Sie nur, wenn Sie einen Vorteil haben!**

   Kennen Sie Ihre Zahlen!

   Handeln Sie nicht aus dem Bauch heraus oder werfen Sie einfach Geld in den Markt und hoffen, dass alles klappt. Üben, testen und verifizieren Sie Ihre Strategie, bevor Sie Geld riskieren.

   Dies wird Sie nicht nur profitabel machen, sondern es wird Ihnen auch Vertrauen in Ihrer Handelsmethode geben. Dieses Vertrauen hilft, Ängste zu überwinden, vor allem die Angst, Geld zu verlieren.

   Die „Wheel-Strategie“ ist eine vielfach getestete und verifizierte Strategie, die Ihnen diesen Vorteil geben wird. Sie ist eine bewährte Strategie mit einer Gewinnrate von mehr als 95 %. Es wird schwierig sein zu verlieren, wenn die „Wheel-Strategie“ richtig implementiert wird.

Aber nehmen Sie sich Zeit, um die Strategie zu lernen. Testen Sie sie in einem Simulator; werden Sie mit der Strategie vertraut, denn sonst könnten Sie eine Menge Geld verlieren.

2. Akzeptieren Sie, dass alles bei einem Trade passieren kann

Verluste gehören zum Geschäft.

Wenn Sie das noch nicht akzeptiert haben, atmen Sie tief durch und tun Sie es jetzt. Denn selbst wenn Sie einen Vorteil haben, sind Verluste immer noch ein Teil des Handels.

Es gibt Zeiten, in denen es Dinge außerhalb Ihrer Kontrolle geben wird, egal wie diszipliniert Sie sind oder wie gut Sie beim Lesen von Charts oder Auswählen von Aktien sind. Sie haben keine Kontrolle über Nachrichten, die herauskommen könnten. Wenn Sie akzeptieren, dass es Zeiten geben wird, in denen die Dinge nicht funktionieren, wird es Ihnen helfen, einen klaren Kopf zu behalten, wenn ein Tweet oder eine Schlagzeile einen Handel ruiniert.

Wir können nur kontrollieren, ob es sich um einen „guten" Verlust oder einen „schlechten" Verlust handelt.

Ein „guter Verlust" ist, wenn Sie ihren Plan perfekt verfolgt und ausgeführt haben, das heißt, Sie haben das Beste getan, was Sie konnten. Sie haben die richtige Aktie ausgewählt, Sie haben den richtigen Ausübungspreis gewählt, Sie haben dafür gesorgt, dass es genug Prämie gibt, und Sie haben den Trade nach Ihrem Plan ausgeführt. Solange SIE alles richtig gemacht haben, aber der Trade führte zu einem Verlust, weil die Aktie verrückt gespielt hat, dann ist diese Art von Verlust ein „guter" Verlust.

Ein „schlechter Verlust" ist, wenn Sie Ihren Handelsplan nicht befolgt haben. Wenn Sie einen Verlust erleiden, weil Sie Ihren

Plan nicht ordnungsgemäß ausgeführt haben, sind dies Verluste, die SIE kontrollieren.

Wenn Sie zum Beispiel einen Verlust gemacht haben, weil Sie zu gierig geworden sind und einen Ausübungspreis ausgewählt haben, der zu nahe am aktuellen Preis lag, dann sind Sie nicht Ihrem Plan gefolgt. Oder vielleicht waren Sie nicht diszipliniert genug. Oder Sie folgten nicht Ihrem Plan und ließen stattdessen Ihre Entscheidungen von Emotionen leiten.

Wenn Sie einen Verlust als Folge dieser Gründe eingefahren haben, wird dies als ein „schlechter" Verlust betrachtet.

3. **Alles ist ein Zahlenspiel!**

Die „Wheel-Strategie" gibt Ihnen einen Vorteil. Nutzen Sie ihn zu Ihrem Vorteil!

Es geht um das große Ganze, nicht darum, was an einem einzigen Tag passiert. Die langfristige Wahrscheinlichkeit wird im Laufe der Zeit zu Ihren Gunsten funktionieren.

Casinos werden von Zeit zu Zeit viel Geld an einen Spieler mit einer Gewinnsträhne verlieren, aber der Grund, warum Casinos immer noch so profitabel sind, ist, dass sie wissen, dass sie im Laufe der Zeit das Geld zurückbekommen werden. Sie können das Ergebnis einer einzigen Hand nicht kontrollieren, an einem einzigen Tag oder einer einzigen Woche, aber im Laufe der Zeit funktioniert die Mathematik, sodass sie Jahr für Jahr profitabel sind.

Betrachten Sie sich selbst als ein Casino. Die Chancen sind immer zugunsten des Hauses. Wenn Sie sich an eine solide Handelsstrategie halten und diese systematisch ausführen, werden die Gesamtchancen auch zu Ihren Gunsten sein. Denken

Sie an Händler, die keine Strategie haben oder mit der falschen Mentalität als Spieler im Casino handeln. Und obwohl ein Spieler hin und wieder Glück haben und groß gewinnen kann, wird er auf lange Sicht gegen das Haus verlieren.

Eine andere Möglichkeit, darüber nachzudenken, ist der eines professionellen Pokerspielers.

Professionelle Pokerspieler kennen ihre Chancen. Und sie spielen ihre Hände basierend auf den Chancen, nicht auf der Grundlage ihrer Emotionen. Sie lassen sich nicht von ihren Emotionen leiten.

Sie werden in der Sekunde aufgeben, in der sie wissen, dass die Chancen gegen sie sind, anstatt bis zum Ende an einer Runde festzuhalten, in der Hoffnung, dass noch eine Glückskarte kommen könnte.

Sie halten sich an eine Strategie, genau wie professionelle Händler. Sie berechnen die Wahrscheinlichkeit, eine Karte zu bekommen, die sie benötigen, und vergleichen diese Quoten mit dem eingesetzten Geld (Prozentsatz, wie viel sie gewinnen werden, verglichen mit dem, was es kostet, in einer Runde zu bleiben).

Und das tun wir als professionelle Händler:

Wir haben einen Vorteil, wir kennen unsere Chancen, und wir nutzen diesen Vorteil zu unseren Gunsten.

Sowohl professionelle Händler als auch professionelle Pokerspieler praktizieren solides Geldmanagement. Ein professioneller Pokerspieler weiß, wie viel er in einem einzigen Spiel verlieren kann oder zu welchem Prozentsatz des Gewinns er aussteigen sollte.

In ähnlicher Weise kennt ein professioneller Händler den Gesamtbetrag seines Handelskontos, weiß, wie viel er für eine einzige Position maximal einsetzen kann und zu welchem Prozentsatz er aussteigen und Gewinne mitnehmen sollte.

Am wichtigsten ist, dass beide wissen, dass es ein Zahlenspiel ist.

Zusammenfassend sind das die 3 wichtigen Prinzipien für eine richtige Handelsmentalität.

Handeln Sie immer mit einem Vorteil. Wenn Sie kein Vertrauen in Ihren Vorteil haben, oder wenn Sie nicht glauben, dass Sie einen Vorteil haben, dann ist es Zeit, Ihren Plan zu überprüfen, Trades in einem Simulator zu üben oder Schwächen zu identifizieren. Wenn Sie mit der „Wheel-Strategie" handeln, ist das bereits eine erprobte Strategie. Falls Sie also keine guten Ergebnisse erzielen, dann gehen Sie zurück und stellen Sie sicher, dass Sie die Strategie richtig anwenden, und nehmen Sie, falls nötig, Anpassungen vor.
Akzeptieren Sie, dass alles passieren kann, also wenn Sie ein 5.000-$-Konto haben, setzen Sie nicht 2.500 $ auf einen Trade, bei dem Sie potenziell die Hälfte Ihres Kontos verlieren könnten, nur weil Sie GLAUBEN, die Märkte würden etwas Bestimmtes tun.

Sind Sie sich zu guter Letzt bewusst, dass der Handel ein Zahlenspiel ist. Sie müssen akzeptieren, dass der Gewinn oder Verlust bei einem einzelnen Handel oder einer Reihe von Trades nicht ausschlaggebend ist.

Da dies ein Zahlenspiel ist, wird unsere „Wheel-Strategie", die ja einen Vorteil hat, uns im Laufe der Zeit profitabel machen.

Wenn Sie das Trading mit der richtigen Mentalität angehen, werden Sie dem nächsten Trade nach einem Verlust optimistisch begegnen, im Gegensatz zu der Furcht, einen weiteren Verlust zu erleiden.

Ninja-Tipp #5: Die richtigen Hilfsmittel

Es gibt 3 Säulen des erfolgreichen Handels:

1. **eine bewährte Strategie,**
2. **professionelle Hilfsmittel,**
3. **die richtige Mentalität.**

Sie kennen bereits eine bewährte Handelsstrategie, die Ihnen einen Vorteil verschafft. Und auf den vorherigen Seiten sprachen wir über die richtige Mentalität.

Lassen Sie uns also nun über professionelle Tools sprechen:

Professionelle Tools erleichtern Ihnen das Leben und verhindern Fehler.
Denken Sie darüber nach: Beim Traden handeln Sie gegen die klügsten Köpfe der Welt! Sie handeln gegen professionelle Händler, die ausgeklügelte Tools verwenden, um die Märkte zu scannen, die besten Chancen zu finden, ihre Chancen zu berechnen und die Trades auszuführen.

Wenn Sie nicht die richtigen Hilfsmittel zur Verfügung haben, wäre es wie bei einem Formel-1-Rennen mit einem Lama anzutreten!

Sie haben keine Chance. Egal, wie gut Sie Lamas reiten können … wenn Sie versuchen, gegen professionelle Fahrer in hochoptimierten Rennwagen, die auf die Strecke, die Straßenverhältnisse und den Fahrer abgestimmt wurden, zu konkurrieren - werden Sie NIE gewinnen.

Ich persönlich würde NIE ohne mein Tool PowerX Optimizer antreten.

Wenn Sie „das Spiel der Spiele“ gewinnen wollen, dann empfehle ich Ihnen dringend einen Blick auf den PowerX Optimizer.

Ich habe ein Video für Sie, in dem ich Ihnen zeige, wie ich dieses Tool in meinem eigenen Handel jeden Tag verwende, um die besten Chancen zu finden und die besten Entscheidungen zu treffen.

Sie können das Video hier ansehen: myTradingRoutine.com

Das wars!

- Sie kennen jetzt eine bewährte Handelsstrategie, die Ihnen einen Vorteil im Markt verschafft.
- Sie kennen die genauen Schritte, um hochprofitable Trades zu finden.
- Sie wissen, wie man sich rettet, wenn der Handel in Schwierigkeiten ist.
- Sie wissen über die richtige Mentalität im Trading Bescheid.
- Und Sie wissen, wo Sie die besten Hilfsmittel für Ihren Handel finden.

Jetzt geht es darum, AKTIV zu werden und ANZUFANGEN.

Es wird sonst nichts passieren, es sei denn, Sie verwenden die Techniken und Strategien, die ich Ihnen beigebracht habe.

Handeln Sie zuerst auf einem Simulator!
Erleben Sie, wie mächtig diese Strategie ist.
Sobald Sie mit der Strategie vertraut sind, probieren Sie es mit echtem Geld.

Ich würde mich freuen, von Ihnen über Ihren Erfolg zu hören!

Alles Gute bei Ihrem Handel,

Markus

Bonusmaterial

Als Zugabe haben wir einige Hilfsmittel und Ressourcen für Sie.

Wir haben eine Seite erstellt, auf der Sie auf all diese Tools zugreifen können, und wir aktualisieren sie regelmäßig.

https://rockwelltrading.com/wheel-bonus-gifts/

Auf dieser Seite finden Sie:

- die Chartsoftware, die ich persönlich verwende
- das Tool, das die besten Trades für die „Wheel-Strategie" für Sie findet – automatisch
- den Broker, den ich für das Trading mit der „Wheel-Strategie" benutze
- Videos mit Updates, mehr Tipps und Tricks
- ... und vieles mehr!

Klicken Sie den Link an, um die zusätzlichen Ressourcen zu erhalten, die wir für Sie haben:

https://rockwelltrading.com/wheel-bonus-gifts/

Die PowerX-Strategie - Eine leistungsstarke Handelsstrategie für Aktien und Optionen

Die PowerX-Strategie ist eine systematische, wiederholbare und konsistente Swing-Trading-Strategie für Aktien und Optionen.

Diese Trendfolgestrategie kann in Bullen- oder Bärenmärkten gehandelt werden, mit Aktien oder Optionen.

Mithilfe eines erprobten Geldmanagementsystems, wenn Sie es korrekt implementieren, wird das Risiko eines Totalverlusts Ihres Kontos eliminiert.

Sie können mit einer kleinen Summe von 5.000 $ beginnen, um Optionen zu handeln, oder 10.000 $, wenn Sie Aktien handeln möchten.

Diese leistungsstarke Wachstumsstrategie erfordert nur 15 bis 20 Minuten pro Tag, ohne vor Ihrem Computer sitzen zu müssen, um jeden Tick eines Aktiencharts zu beobachten.

Mit der PowerX-Strategie versuche ich, eine Rendite von 60 % ohne Margin-Konto und 100 bis 120 % ROI mit einem Margin-Konto zu erzielen.

Wie Sie sehen werden, können Sie selbst bei einer Gewinnrate von schlechter als 50 % mit der PowerX-Strategie immer noch profitabel sein. Wenn Sie nach einer großartigen Möglichkeit suchen, Ihr

Trading-Konto zu vermehren, haben Sie die richtige Strategie gefunden.

Besorgen Sie sich eine kostenlose Hardcover-Kopie meines Bestseller-Buches bei Amazon, The PowerX Strategy, für nur 4,95 $, um die Versandkosten abzudecken:

https://www.rockwelltrading.com/powerx

Der PowerX Optimizer - automatische Suche nach den besten Aktien und Optionen für „The Wheel"

Sie wissen jetzt, wie leistungsstark die „Wheel-Strategie" ist.

Wie ich in den vorherigen Kapiteln erklärt habe, besteht die größte Herausforderung darin, die besten Aktien für die „Wheel-Strategie" zu finden.

Und deshalb habe ich dieses Tool entwickelt, das es Ihnen leicht macht:

Der PowerX Optimizer kann Ihnen helfen, ein erfolgreicher und profitabler Händler zu werden.

Das ist eines der einfachsten Hilfsmittel, das Sie jemals benutzt haben.

Ernsthaft. Mit nur wenigen Mausklicks erhalten Sie eine Liste von konservativen und aggressiven „Wheel Trades", ohne stundenlange Suche durch Tausende von Aktien. Sie bekommen die besten Ausübungspreise und Verfallsdaten angezeigt.

Und der eingebaute „Wheel-Rechner" zeigt Ihnen genau, was Sie von jedem Handel zu erwarten haben und wann Sie Gewinne sicherstellen sollten.

Ich würde niemals die „Wheel-Strategie" ohne dieses mächtige Hilfsmittel betreiben. Ich benutze es jeden Tag in meinem Handel.

Wir verbessern die Software ständig und ich habe bisher fast 1.000.000 $ in ihre Entwicklung investiert ... und jeder Cent hat sich gelohnt.

Wenn Sie die Software gratis testen möchten, können Sie sich hier anmelden:
https://www.rockwelltrading.com/pxotour

Made in the USA
Columbia, SC
27 October 2026

a6507697-9df6-4f9e-a18c-e0345511e84bR01